Helmut Thielicke

Ich glaube

Das Bekenntnis der Christen

Herderbücherei Band 396 · · · 288 Seiten 2. Aufl.

„In diesen Predigten wendet sich der Autor der Auslegung des Apostolischen Glaubensbekenntnisses zu, dem Bekenntnis der Christen, in dem die Konfessionen übereinstimmen. Insofern sind diese Predigten vom Thema her auch ein großer und wichtiger Beitrag zur ökumenischen Begegnung ... Gewiß, der „Erfolg" der Predigten Thielickes liegt zu einem guten Teil darin, daß er den Hörer der Botschaft, den Menschen der Gegenwart, kennt und versteht, daß er um seine Situation und um seine Probleme und Interessen weiß, daß er seine Sprache spricht. Aber nicht weniger liegt er in der großen theologischen und kerygmatischen Meisterschaft, über die unverkürzte Botschaft des Glaubens nachzudenken."

Professor Dr. Heinrich Fries

Herderbücherei

Helmut Thielicke

Das Lachen der Heiligen und Narren

Herderbücherei Band 491 · ·   144 Seiten

Man diskutiert heute mit großem Ernst, predigt von hoher Warte, engagiert sich (wenn überhaupt, dann) unerbittlich. Das befreiende Lachen scheint darüber verlorengegangen zu sein. Der Autor, der dieser Beobachtung nachgeht, wirft die Frage auf, ob sich hinter der Unfähigkeit zu lachen nicht ein Verlust an Glaubensfähigkeit verbirgt; denn gerade den Christen dürfe der Humor nicht ausgehen. So sehr der Autor in seinem Taschenbuch auch die Tiefe unserer menschlichen Existenz durchleuchtet – es geschieht mit jener elementaren Heiterkeit, die so viele Konflikte lindern oder lösen könnte.
Dieses Taschenbuch hilft, eine alte Wahrheit wieder zu entdecken: Lachen ist christlich. Auf Seite 12 steht, wie der Autor auf die Idee gekommen ist, über das Lachen nachzudenken.

Herderbücherei

Herderbücherei

Band 506

Über das Buch

Es ist nach Thielicke „paradox, daß man in einer Zeit, die den Begriff der Mündigkeit zu einem theologischen Schlagwort gemacht hat, die Gemeinde nur mit einer Milch meint ernähren zu können, die vorher durch die Erbauungszentrifuge gedreht und mit Additiven der Harmlosigkeit versetzt worden ist". Thielicke greift in diesem Buch genau die Fragen auf, die allen wachen Christen heute auf den Nägeln brennen. Die Themen könnten nicht aktueller sein: „Wie modern darf die Theologie sein?"; „Wie verläßlich sind die biblischen Jesus-Berichte?"; „Verwunderung über einen Wunderbericht"; „Was ist von den Zukunftsworten der Bibel zu halten?". Es geht in diesem Buch um das Spannungsverhältnis von Glaube und Geschichte.

Esther Betz
Rheinische Post

Über den Autor

Professor Dr. Helmut Thielicke, geb. 4. Dezember 1908 in Barmen. Abitur am Humanistischen Dörpfeld-Gymnasium Wuppertal. Studium der Theologie und Philosophie in Greifswald, Marburg, Erlangen, Bonn.
Dr. phil. 1931; theol. 1934. Theologischer Ehrendoktor von Heidelberg und Glasgow (1945 bzw. 1956); juristischer von Waterloo (Canada). Habilitation in Erlangen. 1936 kommissarisches Ordinariat in Heidelberg. Absetzung durch die Partei 1941. Pfarrer und später Leiter des Theologischen Amtes der Württemberg. Landeskirche. Reise-, Rede- und Schreibverbot. 1945–1954 Ordinarius in Tübingen, seit 1954 in gleicher Eigenschaft an der Universität Hamburg. 1951 Rektor der Universität Tübingen und Präsident der Westdeutschen Rektorenkonferenz. 1960 Rektor der Universität Hamburg.

Helmut Thielicke

Theologisches Denken und verunsicherter Glaube

Eine Hinführung zur „modernen" Theologie

Herderbücherei

Veröffentlicht als Herder-Taschenbuch
Überarbeitete Lizenzausgabe
des im Quell-Verlag, Stuttgart, erschienenen Buches
„Wie modern darf die Theologie sein?"

Bleibe bei uns, Herr, denn es will Abend werden,
und der Tag hat sich geneigt.
Bleibe bei uns und bei deiner ganzen Kirche.
Bleibe bei uns am Abend des Tages,
am Abend des Lebens,
am Abend der Welt.
Bleibe bei uns mit deiner Gnade und Güte,
mit deinem heiligen Wort und Sakrament,
mit deinem Trost und Segen.
Bleibe bei uns, wenn über uns kommt
die Nacht der Trübsal und Angst,
die Nacht des Zweifels und der Anfechtung,
die Nacht des bitteren Todes.
Bleibe bei uns und bei allen deinen Gläubigen
in Zeit und Ewigkeit.

Samstagabend-Gebet
in der Hamburger Michaeliskirche

Inhalt

Das Wunder begründet nicht den Glauben, sondern illustriert ihn 89 – Die „bekennende" Form der Geschichtsschreibung 91 – Hat Matthäus die Überlieferung des Wunders verfälscht? 92 – Christus im Fluchtpunkt der Perspektive 94 – Die Hintergründigkeit der Naturvorgänge 95 – Der Goldgrund der Ikone 97

Verständigung mit einigen Lesern

Ich spreche von „einigen" Lesern, weil mir bei diesen einleitenden Gedanken nur eine bestimmte Gruppe unter ihnen vorschwebt: solche nämlich, die lieber erst einen Blick ins Labor werfen möchten, ehe sie sich die Produkte aus den dort aufgestapelten Gläsern und Retorten zu Gemüte führen.

Dies Büchlein trifft ja sicher auch auf Menschen, die sich mit seinem Thema schon abgegeben und dadurch in mancherlei Nöte des Denkens, auch des Glaubens gestürzt wurden. Wer kein bloß kritikloser Konsument alles dessen ist, was ihm in Schul- und Kirchenunterricht oder in sonntäglichen Gottesdiensten als christliche Glaubensware „verkauft" worden ist, wer also nicht auf jede Verpackung hereinfallen, sondern nachdenklich und mit Sorgfalt prüfen will, dem werden bestimmte Bedenken und Probleme nicht fremd sein.

Die beklommene Frage nach der historischen Echtheit

Er wird sich etwa gefragt haben, ob denn das alles wirklich historisch gesichert sei, was die Evangelien von Jesus berichten. Manche Wunderberichte z. B. erscheinen doch haarsträubend massiv und dürften für einen Menschen, der nicht nur seine fünf Sinne, sondern auch seinen physikalischen Schulsack beieinander hat, schwer zumutbar sein. ‚Aber von solch kitzligen Fragen reden die Pastoren auf ihren Kanzeln nicht', mag unser Leser denken. ‚Das übergehen sie mit Stillschweigen. Da sie aber weithin einen nicht unintelligenten Eindruck machen und obendrein diese Materie doch auf einer Universität studiert haben, so müßte ihre Begegnung mit der Wissenschaft – mit historischen Methoden, Textanalysen, religionsgeschichtlichen Parallelen, aber auch mit den Naturwissenschaften – diese scheinbar selbstsicheren Prediger doch noch sehr viel *massiver* auf solche Bedenklichkeiten stoßen als mich kümmerlichen Laien. Wenn ich trotzdem so wenig von ihnen zu diesem Thema höre, regt sich bei mir ein bestimmter Verdacht: Ich frage mich, was da *hinter* den Kulissen passiert. Verdrängen diese Leute vielleicht bestimmte Fragen, weil sie Angst vor ihnen haben? Oder – was sehr viel schlimmer wäre – führen sie mich absichtlich hinters Licht, weil sie wissen: *wenn* es herauskäme, daß die sogenannte Frohe Botschaft überhaupt keinen Anhalt an geschichtlichen Tatsachen hat, sondern einer legendenspinnenden Phantasie entstammt, könnten wir unsern Laden zumachen –?'

Hat nicht eben erst ein Mann namens Augstein eine gigantische Spiegel-Geschichte darüber geschrieben mit dem „Ergebnis", man wisse schlechterdings nichts von diesem Jesus von Nazareth? Er kennt nur die Alternative „Tatsachenwahrheit" und „Dichtung". Lassen sich aber – diese Frage wirft Joachim Günther mit Recht auf – Wahrheit und Dichtung geschweige denn Gott und Religion „in solch enges Korsett einpassen" –?

Fast gleichzeitig taucht dann wieder das Werk eines kommunistischen Autors auf dem Büchermarkt auf: Jesus für Atheisten von Milan Machovec. Obwohl er kein Gläubiger ist, kommt er mit beachtlichem Aufwand an historischen Detailuntersuchungen zu ganz *anderen* Resultaten: Wir können, so stellt er fest, das geschichtliche Profil dieser einzigartigen Gestalt recht genau ausmachen. Vielleicht ist Machovec zunächst ebenfalls mit jenem verhängnisvollen „Korsett" an jene Gestalt herangetreten. Sie schien auch vor *seinem* kritischen Blick immer aufs neue aus der historischen Greifbarkeit hinter den Schleier der Legende zurückweichen. Doch dann stand sie plötzlich vor ihm, unerfindbar, in der Dichte der Realität, ein wahrhaft gebietendes Haltzeichen. Machovec spürte in den evangelischen Berichten das, was der Tübinger Altphilologe Wolfgang Schadewaldt einmal „das Aroma der Wahrheit" genannt hat. Und was die Nase witterte, konnte der kritische Kopf nur bestätigen.

Wem also soll man in dieser Runde der fromm Verkündenden, der kritisch Bestreitenden und der nicht weniger kritisch Bejahenden vertrauen?

Es gibt sicher eine nicht kleine Gruppe von Lesern, die sich mit diesen Fragen herumgeschlagen haben. Der Verfasser gehört selbst zu ihnen. Man möchte deshalb von ihm wissen, wie er inmitten dieser Auseinandersetzung steht, welche methodischen Grundsätze er verfolgt und welchen Absichten er zustrebt. Darüber möchte ich dieser Lesergruppe ein paar orientierende Hinweise geben, auch wenn die eigentliche Antwort erst durch die folgenden Kapitel selbst erfolgen kann.

Wer Vorworte nicht liebt, mag das Folgende überschlagen und gleich bei Seite 29 beginnen. Ganz am Schluß folgen übrigens noch einige Hinweise auf weiterführende Literatur.

Die folgenden Kapitel enthalten Kanzelreden, die während eines Wintersemesters in monatlichem Abstand in der Michaeliskirche zu Hamburg gehalten wurden. Die zuhörende Gemeinde war denkbar vielfältig hinsichtlich Alter, sozialer Schichtung und weltanschaulicher Haltungen zusammengesetzt. Ein starkes Briefecho kam aus der jungen Generation.

Die vier Themen, die jeweils einen Schwerpunkt der heutigen Diskussion ansprechen, knüpfen an ein Textwort an, das dann ausgelegt wird. Außerdem habe ich noch einen weiteren, als „Lesung" bezeichneten Textabschnitt hinzugesetzt. Er war bei den Gottesdiensten in die Eingangsliturgie eingebaut und hat einen besonderen Bezug zu dem jeweiligen Abschnitt: Entweder beleuchtet er das Thema von einer andern Seite, oder er wird in der betreffenden Rede zitiert. So kann der Leser ihn gleich im Wortlaut einsehen. Die Verdeutschung habe ich selbst vorgenommen. Sie versucht den Sinn des Urtextes genau zu treffen. Mein Ziel war nicht, daß die Texte „modern" klingen möchten. Doch war ich selbst überrascht, daß sie das dann doch tun.

Warum haben die Prediger soviel verschwiegen?

Was das Grundsätzliche anbelangt, so gehe ich von dem Gedanken aus, daß die gegenwärtigen Auseinandersetzungen in der Theologie (und im freund-feindlichen Umkreis auch die Kontroversen *über* sie) erstens völlig unzutreffend, ja irreführend mit den Begriffen einer „modernen" und einer „konservativen" Frontstellung umschrieben werden, und daß sie zweitens auf der Kanzel, also in der Zone der Verkündigung, zur Sprache kommen müssen. Daß das Gerücht entstehen konnte, als hätten Nachrichtenmagazine und populärwissenschaftliche Presseorgane öffentlich ausgeplaudert, was die Theologen in ihren Elfenbeintürmen ausbrüteten und in ihren esoterischen Zirkeln verhandelten, ist kein gutes Zeichen für das Verhältnis von Kanzel und Katheder.

Es stimmt zwar leider, daß man zuviel verschwiegen hat. Soweit ich sehen kann – und ich kenne immerhin sehr viele Prediger, habe auch eine Anzahl Studentengenerationen zu diesem Beruf ausbilden helfen –, hatte dieses Verschweigen aber kaum je seinen Grund in „Verdrängungen" oder gar in einer Taktik kirchlichen Selbstschutzes. Vielmehr meinten nicht wenige, dies und das der Gemeinde „nicht zumuten" zu können; oder sie fürchteten, daß sie es in den falschen Hals bekomme. Dabei ging man offenbar vom Bilde eines Zuhörers aus, der den biblischen Kanon im Sinne der Verbalinspirationslehre versteht: als ein vom Himmel gefallenes unirdisches Buch also, zu dem man ein gesetzliches Buchstabenverhältnis hat, dem man aber nicht in jener Freiheit und jenem Zutrauen gegenübersteht, zu dem das Evangelium doch gerade befreien will. Hat man sich in diesem gesetzlichen Verständnis der Heiligen Schrift festgekrallt, wird man blind für ihre eigentliche Botschaft. Man muß dann zum Beispiel in der Schöpfungsgeschichte eine göttlich legitimierte Lehre über die Weltentstehung sehen statt – wie es doch in Wirklichkeit ist – eine Aussage über das Woher und Wohin des Menschen, über seinen Ursprung und seinen Lebensauftrag. Wenn diese Aussage über das Woher und Wohin des Menschen nun im Rahmen eines antiken Weltbildes gemacht wird und wenn wir sie folglich in das veränderte System *unseres* Weltbildes übertragen müssen, dann hat dieser Vorgang kein größeres Gewicht, als wenn man die biblische Botschaft einmal in hebräischer, dann wieder in griechischer oder in deutscher Sprache ausspricht. Die Menschen eines Ptolemäischen Weltbildes drücken jene Botschaft ptolemäisch, die Nachkopernikaner drücken sie nachkopernikanisch aus. Und weil das jeweilige Weltbild hier nur als Aussage*mittel* fungiert, kann die Aussage selbst vom Wandel dieser Weltbilder durchaus unberührt bleiben, auf keinen Fall aber mit ihnen in Konflikt geraten. Im Gegenteil: die sich ändernden Weltbilder und die jene Änderung vorantreibende Wissenschaft lenken den Glauben gerade auf die Frage, was denn sein *eigentlicher* Gegenstand sei: Sollte er wirklich an einem veralteten Weltbild haften, um dann mit diesem zugrunde zu gehen? Oder sollte er sich nicht zu der Freiheit aufgerufen sehen, das tiefste Geheimnis menschlicher Existenz – nämlich ihr Verhältnis zu Gott – in jenen weltbildlichen Chiffren ausgedrückt zu sehen?

Das Rätsel jenes merkwürdigen „Verschweigens" hat seinen Grund wohl darin, daß man sich diesem Problem nicht stellt. Geht man tatsächlich von dem Leitbild eines buchstabenversklavten Hörers aus, dann muß man ihn „um der Liebe willen" – um welcher trügerischen Liebe willen! – mit solchen Überlegungen verschonen. Denn der Buchstabensklave steht ja in der Tat nun vor folgender Alternative:

Entweder ich nehme den biblischen Kanon von Anfang bis Ende wörtlich, betrachte also auch seine astronomischen und kosmogonischen Aussagen als verbindliche Gotteswahrheit – *oder* aber die Fundamente meines Glaubens brechen zusammen. Ein einziger Stein, den ich aus diesem Gemäuer ausbreche (und sei es selbst jene Geschichte, in der Josua der Sonne gebietet „Stehe still!", Josua 10,12), führt zum Totaleinsturz. Muß ich mich also gegenüber den Ängstlichen, Stabilitätssüchtigen, den Verdrängenden und gesetzlich Verbissenen nicht zurückhalten, und zwar „um der Liebe willen"?

Ich glaube, daß es eine verhängnisvolle Entscheidung ist, wenn man diese Frage bejaht, so makellos auch das subjektive Motiv dabei sein mag. Das Argument, das ich dagegen vorzubringen hätte, ist durchaus nicht „aufklärerisch". Das heißt, mein Motiv zum Widerspruch ist nicht dadurch ausgelöst, daß hier moderne Erkenntnisse unterschlagen würden. Das geschieht zwar *auch*, und das ist ebenfalls bedenklich. Denn ein Glaube, der sich gegenüber dem Erkennen tot stellen muß, wird seiner Bestimmung nicht gerecht. Er würde Gott in das Getto einer religiösen Provinz verbannen und würde ihm nicht alles ausliefern. Er würde ihm z.B. die Dimension des Geistes vorenthalten und ihm allenfalls fromme Gefühle zukommen lassen. Das wäre schon schlimm genug. Und doch setzt mein eigentlicher Einwand noch an einer tieferen Stelle ein:

Wer die Bibel so gesetzlich und knechtisch handhabt, verschließt sich gegenüber der *Freiheit*, zu der wir erlöst werden. Er hört nicht auf das, was Propheten und Evangelisten *sagen*, sondern er starrt gebannt auf ihre Gänsekiele, er beißt sich an Punkt und Komma fest. Dann aber verleugnet er die großartige Menschlichkeit Gottes, zu der er sich herabließ, er sieht nur einen toten Buchkodex und nicht mehr die lebendigen, in einer bestimmten Zeitgeschichte stehenden Menschen, durch die er zu uns spricht. Darum ist es im letzten Grunde der Glaube selbst – und nicht der aufgeklärte Wissens-Standard –, der hier gegen sein eigenes Zerrbild protestieren muß. Die Treue des Buchstabensklaven veruntreut gerade den Geist, dessen tönernes Gefäß die Buchstaben sind (vgl. 2. Korintherbrief 3, 6 f.).

Es ist ein wenig paradox, daß man in einer Zeit, die den Begriff der *Mündigkeit* zu einem theologischen (und politischen!) Schlagwort gemacht hat, die Gemeinde nicht eben selten nur mit einer Milch meint ernähren zu können, die vorher durch die Erbauungszentrifuge gedreht und mit Additiven der Harmlosigkeit versetzt worden ist. Wer allerdings die Probleme, vor die uns die historisch-kritische Schriftforschung stellt, theologisch nicht bewältigt hat und nun vor der Frage steht, ob er das Unverdaute von der Kanzel aus noch mit der Etikette „Brot des Lebens" feilbieten dürfe, mag in der Tat die begründete Annahme hegen, daß er das der Gemeinde nicht zumuten könne. Dann aber ist der Grund für seine Hemmung nicht in der Unmündigkeit der Gemeinde, sondern in seiner unbewältigten Theologie zu suchen.

Hier stehen übrigens die verschiedenen Predigergenerationen vor verschiedenartigen und -gradigen Schwierigkeiten:

Die Älteren fühlen sich in den Problemen jenes Sektors, den man als „moderne Theologie" zu bezeichnen beliebt, vielfach zu unsicher, um etwas Gegründetes zu sagen. Und ihre Art, diese Dinge dann zu umgehen oder zu ignorieren, ist möglicherweise sogar charaktervoller als der bloß rhetorische Bekenntnisprotest gegen eine Literatur, die man nicht einmal selber gelesen haben mag. Die Jüngeren dagegen sind – begreiflicherweise – mit diesen Fragen ebenfalls und auf *ihre* Art noch nicht fertig. Ihre Ungeduld mit der nichtsahnenden und in ihrer Ahnungslosigkeit oft sehr selbstsicheren und gesetzlich glaubenden Gemeinde verführt sie deshalb leicht zu provozierenden und „verunsichernden" Äußerungen, die in der Regel nur im Munde eines sokratischen Meisters fruchtbar sind, während sie beim Unfertigen nicht selten frech, destruktiv und damit verhärtend wirken.

Die Schein-Alternative „konservativ" oder „modern"

Mit der üblichen Klischee-Alternative „*konservativ*" oder „*modern*" (bzw. „fortschrittlich") haben diese Fragen freilich weniger als nichts zu tun. Die genannten Probleme des Bibelverständnisses gehen durchaus quer durch diese Scheinfronten hindurch. Welcher als konservativ bezeichnete (ehrlicher müßte man leider schon sagen: als solcher „verschrieene") Theologe verschließt sich denn vor den Erkenntnissen der Naturwissenschaft und dem damit einhergehenden „diesseitigen" Lebensgefühl? Wer findet sich denn in diesem Lager überhaupt, der etwa die biblische Schöpfungsgeschichte als verbindliche Weltentstehungstheorie und damit als Konkurrentin wissenschaftlicher Aussagen verstände? Wer von den sogenannten Konservativen stellte sich *nicht* der Spannung zwischen Glauben und Wissen und trüge sie so in sich selber aus, statt von einem vermeintlich gesicherten Hafen aus kopfschüttelnd die bösen Stürme des Zeitgeistes zu verfolgen?

Und genauso läßt sich in umgekehrter Richtung fragen: Wer von denen, die man als „moderne", als „kritische" Theologen bezeichnet, die mit scharfen Seziermessern den Texten zu Leibe gehen, hätte denn daraus gefolgert: Also und folglich kann ich nicht mehr glauben – also und folglich ist „mein einziger Trost im Leben und im Sterben", der mir aus diesen Texten zufließen soll, nur Schaum und Traum gewesen?

Ich finde es unter diesem Aspekt höchst merkwürdig, daß heutige Atheisten, die das neutestamentliche Zeugnis von Jesus dem Menschensohn für schrottreif erklären und zum Erweise dessen die Expertisen von Bultmann und andern zitieren, sich niemals einer doch sehr naheliegenden Frage stellen, der Frage nämlich: Wie mag es eigentlich kommen, daß ein so großer kritischer Bibelinterpret wie Bultmann eben *nicht* zu atheistischen Konsequenzen kommt (wie jene Schrott-Anwälte), sondern daß sie Glaubende sind und bleiben, daß sie auch auf die Kanzel steigen und dort von Christus als dem Erlöser zeugen, ja daß sie in der Zeit der Christenverfolgung sich eindeutig den Reihen der Bekennenden Kirche einfügten? Ist dieser Vorgang nicht merkwürdig genug, um unsere Nachdenklichkeit herauszufordern? Aber wer denkt denn darüber nach?

Schon dieser Hinweis mag genügen, um sichtbar zu machen, daß die Polarisierung von „konservativ" und „modern" ein eitles und ungebildetes Unterfangen ist.

Auch ein ungebildetes! Denn hinter jener falschen Frontbildung steht die historische Ahnungslosigkeit. Wüßte man, was z. B. „konservativ" bedeutet, würde man sich intellektuell genieren, diesen Begriff in der üblichen vulgären Weise mit „restaurativ" oder gar „reaktionär" gleichzusetzen und sich dabei durch die Gedankenverbindung mit einer Konservenbüchse steuern zu lassen.

Der Begriff „konservativ" ist als ein Programmwort gegen die Französische Revolution entstanden und hatte den Sinn, das Recht der lebendigen Geschichte gegenüber einem ideologisch konstruierten, abstrakten und künstlichen Staat zu vertreten. Natürlich wollten die sich so verstehenden Konservativen geschichtlich Gewordenes bewahren oder aus seiner Verschüttung wieder hervorholen.

Dieser Wille war aber nicht durch die Absicht getrieben, im Sinne des Trägheitsgesetzes das Gewordene nur einfach fortzuspinnen und den status quo zu zementieren. Vielmehr ging man von der Annahme aus, daß unter dem geschichtlich Gewordenen ja auch einiges sein könnte, was sich bewährt hat! Dann aber wäre es doch töricht und unrealistisch, das Prinzip der Veränderung (oder wie man heute gern und wenig schön zu sagen beliebt: der Innovation) so blindwütig voranzutreiben, daß man das Kind mit dem Bade ausschüttet, also auch das Bewährte vernichtet. Was von den Vätern ererbt ist, muß man zwar „erwerben, um es zu besitzen". Man kann es nicht einfach wie ein Konsument empfangen und bloß wiederkäuen, sondern man muß es kritisch prüfen. Man muß unter Umständen auch das Messer „an die eigenen Wurzeln" zu legen bereit sein (Nietzsche) und darf noch so teure Traditionen nicht unkritisch über sich Herr werden lassen. Aber man darf auch das Prinzip der Veränderung nicht zum Selbstzweck erheben und etwas nur deshalb verwerfen wollen, *weil* es eben alt ist. Das Vätererbe ist nicht schon deshalb, weil es eben „Erbe" ist, ein kompromittierender und darum möglichst schnell abzustoßender Ballast.

Wenn aber die Traditionen so die Zensurstelle unserer Kritik durchlaufen müssen, ehe wir sie annehmen und weiterreichen, dann werden doch *Vernunft* und *Gewissen* als kritische Maßstäbe in Anspruch genommen, und das kann nur heißen: das so verstandene Konservative enthält einen Appell an unsere Mündigkeit, ja an unsere Autonomie.

In diesem Sinne bedeutet „bewahren" nicht, die Asche des Vergangenen aufzuheben, sondern es heißt, die Flamme zu hüten, also ein Anwalt des Lebendigen zu sein. Wie aber sollte das möglich sein, ohne dem „Modernen" in Offenheit gegenüberzustehen und also im Auge zu behalten, was „an der Zeit" ist?

Wer die Botschaft der Bibel hören will, muß sie aus seiner jeweiligen Zeitgenossenschaft heraus hören. Dabei wird er zum Beispiel bemerken, daß die im Neuen Testament gestellte Frage: „Was muß ich tun, um das ewige Leben zu erwerben?" heute in dieser Gestalt nirgendwo auftaucht. Wer hätte sie schon je in einem Café, in einer Stammtischrunde oder an seinem Arbeitsplatz im Kollegengespräch vernommen? Wer diese Frage bloß zitierend aufgriffe, müßte unverstanden bleiben, und die Menschen würden – sofern sie überhaupt zu so jemandem kommen – nur kopfschüttelnd fragen: „Wovon redet der eigentlich?" Die Frage nach dem ewigen Leben ist deshalb aber keineswegs verstummt, sie ist nicht einfach veraltet und überfällig geworden, so daß wir darüber zur Tagesordnung schreiten könnten. Vielmehr taucht sie vielfach verschlüsselt und chiffriert auch in *unserm* Leben auf. Sie meldet sich unter den Zwängen unserer heutigen gesellschaftlichen Existenz, unter unserer Angst vor der Zukunft (vor Übervölkerung, Umweltverschmutzung und den Exzessen der Technik), unter Einsamkeit, Langeweile und Lebensleere. Das alles verstellt uns den Sinn unseres Lebens, und wir fragen uns, was dieses Dahinvegetieren ohne Grund, Ziel und Sinn denn überhaupt solle. Warum träumen denn Ungezählte von utopischen Zielbildern einer Geschichte, die schließlich das Paradies auf Erden bringen möge? Warum fliehen junge Menschen in den Rausch der Drogen? Suchen sie nicht alle – auf eine meist sehr fragwürdige und hilflose Art – den Fesselungen durch unerträglichen Leerlauf zu entrinnen? Verfolgen sie nicht die Fährte auf ein „X" hin, das dieses entleerte Leben überbietet und so etwas wie die Macht der Befreiung sein könnte? Was anderes wäre das aber als diese hilflose Umschreibung des „ewigen Lebens"? Man hört gewisse Glocken, weiß aber nicht, wo sie hängen.

Es geht diesen Leuten ähnlich wie den Athenern, zu denen Paulus spricht (Apostelgeschichte 17, 16 ff.): Sie haben dem unbekannten Gott einen Altar errichtet und wissen nicht, wen sie damit meinen. Sie wissen nur, daß die sonst von ihnen angebeteten Götter nicht alles sein können und daß es noch etwas anderes geben muß, das Bedeutung für ihr Leben hat. Paulus aber sagt ihnen nun: „Ich verkündige euch, was ihr unwissend verehrt!" Er hätte auch sagen können: „Ich verkündige euch, wonach ihr sucht, ich nenne euch den Grund für euer Ungenügen."

Damit war Paulus gewissermaßen „modern". Er griff nämlich eine *jetzt* bestehende Frage auf, er war in einem eminenten Sinne aktuell. Zugleich aber war er „konservativ". Denn seine Predigt zielt auf die Feststellung, daß hinter den modernen Fragen die alte und nie veraltete Frage nach dem Heile, nach dem ewigen Leben steht. Und weil es dabei um eine Frage „von jeher" geht, darum wird man auch die bleibende Geltung der „von jeher" gegebenen Antwort auf diese Frage vermuten dürfen: daß es Gott selbst sei, der sich in jener Unruhe der Fragenden meldet.

Hier erweist sich die Torheit jener falschen Alternative „konservativ" *oder* „modern". Das ewige Wort meldet sich in alten Texten aus Vätertagen. Es kommt auf dem Wege über vielerlei Traditionen zu uns. Doch konsumieren und zitieren wir es nicht einfach. Täten wir das, bliebe es tot, und wir würden zu bloßen Hütern von Asche und Schlacke. Wir trügen keine Fackel mehr. Nein: dieses Wort will *angeeignet* sein. Das geht aber nur so, daß wir dieses Wort mit unsern Fragen in Verbindung bringen, daß wir es als Antwort auf diese Fragen erleben und zugleich als eine Macht, die ganz andere und *neue* Fragen in uns auslöst. Wir treten in einen lebendigen Dialog zwischen Gegenwart und Vergangenheit.

Dabei rückt uns das Evangelium so nahe, daß der zeitliche Zwischenraum durchsichtig wird und die Gestalten des Neuen Testaments plötzlich neben uns und um uns herumstehen: Paulus und Petrus, aber auch der Reiche Jüngling und der Verlorene Sohn, das Kanaanäische Weib und der Hauptmann von Kapernaum. Wir „konservieren" die alten Fragen und Antworten nicht, sondern wir entdecken ihre Lebendigkeit. Wir bemerken, daß wir nicht über sie hinausgewachsen sind, sondern daß wir nur in sie hineinwachsen können. Sie sind das „Von-jeher" und zugleich das „Immer-Neue", das uns zu Abenteurern und Entdeckungsreisenden macht. Wir kommen mit dieser Reise nie ans Ziel. Das Alte und Immer-Neue bleibt unerschöpflich. Darum warten wir noch auf ein anderes Leben, in dem sich uns diese unerschlossene Fülle entbergen wird.

Das Forum des Gottesdienstes

Es schien mir wichtig, über diese Probleme vor der Gemeinde und vor Skeptikern öffentlich zu sprechen – vor allem über die Kern- und Sternfrage, wie sich *Glaube und Geschichte* zueinander verhalten. Die thematische Gliederung der einzelnen Reden zeigt, welche Schwerpunkte mir dabei vor Augen standen.

Was aus der Art, wie man sonst zu diesen Fragen Stellung nimmt, herausfallen mag, ist der Umstand, daß hier innerhalb der gottesdienstlichen Verkündigung dazu gesprochen wird. Ich wäre mißverstanden, wenn man etwa meinen würde, ich hätte zu dieser Form der Verkündigung gegriffen, um die Probleme zu popularisieren. Natürlich muß man vor einem so großen und derart bunt gemischten Hörerkreis um Allgemeinverständlichkeit bemüht sein und den Pluralismus der Anschauungen, Fragestellungen und Lebenssituationen bedenken, der in einer Versammlung dieser Art waltet. Doch war das nicht mein *eigentliches* Motiv. Ich bin vielmehr der Überzeugung*, daß die Verkündigung der Theologie *vorgeordnet* sei und daß die Theologie nur von der schon *gehörten* Verkündigung her zurückfragen und erst dann ihr Reflexionsgeschäft treiben könne.

Natürlich ist das so vereinfacht gesagt. „Reine" und für sich genommene Verkündigung gibt es überhaupt nicht. Vielmehr ist sie schon vom ersten Augenblick an mit theologischer Reflexion durchsetzt. Das kann auch gar nicht anders sein. Denn wer verkündigt, hat die Botschaft ja für seine Person bereits vorher angenommen, besser: angeeignet. Das aber konnte er ja gar nicht anders als so – wir deuteten das bereits an –, daß er sie mit seinen Lebensfragen, mit seiner Art, zu sprechen und zu denken, in Verbindung brachte. Und genau das *ist* dann schon theologische Reflexion. Die dritte Rede in diesem Buch möchte klarmachen, daß und in welcher Weise das schon in den Evangelien so ist. Jedes von ihnen hat nämlich bereits ein deutliches theologisches Profil. Das, was ich mit dem Vorrang der Verkündigung meinte, läßt sich deshalb nicht in ein chronologisches Nacheinander von Verkündigung und Theologie auflösen. Es geht hier nur um den entscheidenden *sachlichen* Akzent.

So erscheint mir die Verkündigungsform der Aussagen,

---

* Ausführlicher habe ich darüber gehandelt in: Der evangelische Glaube, Bd. I, S. 267 ff.; ferner in: Die Angst des heutigen Theologiestudenten vor dem geistlichen Amt. Beides im J. C. B. Mohr-Verlag, Tübingen.

die ich in diesem Buche machen möchte, von der *Sache* her geboten zu sein. Dabei kann es allerdings nicht verborgen bleiben, daß der Verkündigende seinerseits Theologe ist und daß er sich auf der Kanzel unmöglich selbst als ein Fremder gegenübertreten kann. Natürlich bringt er seinen theologischen Schulsack mit auf die Kanzel, auch wenn er ihn nicht sichtbar hin- und herschwenkt. Aber gerade, wenn man auch in theoretischen Äußerungen vielfach zu diesen Fragen Stellung genommen hat, erscheint es wichtig, sich selbst zur Ordnung zu rufen und an die Maßstäbe zu erinnern, die für jede Theologie verbindlich sind. *Eine Theologie muß gepredigt werden können, weil sie selber aus der Predigt stammt.*

Wenn die Probleme, die uns in der historisch-kritischen Schriftforschung, in der Formgeschichte, im Problemkreis „Glaube und Geschichte" überhaupt sowie in Methodenfragen der Hermeneutik umtreiben – wenn diese Probleme *theologischer* Natur sind, dann haben sie auch geistliche Bedeutung. Ist das aber so, dann müssen sie auch gepredigt werden und selber Teil der Verkündigung sein können.

Das zu zeigen, wollte ich versuchen. Und ich gab mich der Hoffnung hin – die auch nicht enttäuscht wurde –, daß die Hörenden für diese Fragen hörbereiter werden könnten, wenn sie sehen, *daß* man verkündigend darüber sprechen kann und daß die gottesdienstlichen Lieder und Gebete gegenüber dieser Botschaft nicht wie Fremdkörper wirken oder daß die Botschaft nicht ihrerseits wie ein Fremdkörper wirkt.

Methodisch bestehen die schwersten Probleme für mich dabei im folgenden:

Einmal kam es darauf an – und das ist nicht einfach, vielleicht auch nicht immer glücklich gelöst –, exemplarische Texte zu finden, an denen sich die Fragen darstellen lassen. Dabei konnten diese Fragen auch ihrerseits wieder nur in exemplarischen Schwerpunkten angefaßt werden. So erschien mir zum Beispiel die Sturmstillungsgeschichte (3. Rede) besonders fruchtbar, um an ihr das erwähnte Problem aufzuzeigen, warum es nie den Augenblick purer Verkündigung oder auch purer Geschichtsdarstellung gibt, sondern daß das jeweilige theologische Profil, daß die „Interpretation durch den Zeugen selbst" sich von vornherein deutlich abzeichnet. Für den Problemkreis „kommendes und gegenwärtiges Reich Gottes" (in der Schulsprache: „futurische und präsentische Eschatologie") schien mir die Aussendungsrede Jesu (4. Rede) ein fruchtbarer Ausgangspunkt zu sein. Hier bedurfte es besonders umständlicher Hinführungen, um die Dimension unseres Glaubens zu bestimmen, in der sich die Gewißheit des Zukünftigen ergibt. Die theologischen Leser dieses Büchleins werden hier manches in seinen Hintergründen bemerken, was nur andeutend gesagt werden konnte.

Es hat mich übrigens gefreut, daß nach der Rede über die Sturmstillung genau jene Frage an mich gestellt wurde, die ich auch auszulösen beabsichtigte: Was tun die heutigen Prediger denn im Prinzip anderes, als was Matthäus auch getan hat, wenn er den überlieferten Wunderbericht nicht einfach mechanisch weitergibt, sondern wenn er ihn in das Licht der *ganzen* Erscheinung Jesu Christi, in das Licht des Auferstandenen und Erhöhten rückt?

Ein zweites methodisches Problem bestand für mich darin, daß ich von der Kunst des Weglassens ausgiebigen Gebrauch machen mußte. Wer auch nur eine Ahnung von der Differenziertheit, der Verästelung und der Unabsehbarkeit der angerührten Fragestellungen hat, der wird mir nachfühlen können, daß es einen oft hart ankam, vieles ungesagt bleiben zu lassen. Der Kenner, sofern er einigermaßen wohlwollend ist, wird wahrscheinlich sehr wohl bemerken, welche Weiterungen immer wieder „durch die Blume" angesprochen werden und daß auch Unausgesprochenes nicht immer bedeuten muß, daß der Verfasser es nicht gesehen habe. (Am Schluß dieses Taschenbuches teile ich einiges mit, was ich andernorts über solche ausgelassenen Fragen gesagt habe oder was nur Angedeutetes in breiterer Entfaltung bringt.)

Doch „der Worte sind genug gewechselt". Der Leser ist nun gebeten, mit dem Verfasser auf die folgenden Texte zu hören.

Wie modern darf die Theologie sein?

LESUNG

Als Paulus in Athen war, wurde er zornig, als er die Stadt in ihrer Abgötterei sah. Er diskutierte mit den Juden und sonstigen frommen Leuten, in der Synagoge sowohl wie auf dem Markt mit allerlei Passanten, die sich dazugesellten. Bei dieser Gelegenheit gerieten auch einige philosophisch Interessierte, Epikureer und Stoiker, in ein Streitgespräch mit ihm. Dabei fielen Worte wie: „Was will uns dieser Schwätzer und arme Schlucker, diese Saatkrähe da auf die Nase binden?" Oder auch: „Es sieht so aus, als wolle er uns die Bekanntschaft mit fremden Göttern vermitteln." Das kam wohl so, weil Paulus über Jesus und seine Auferstehung gepredigt hatte. Schließlich schleppten sie ihn aus dem Gewühl heraus zum Areopag und sagten ihm: „Würdest du wohl so liebenswürdig sein, uns mit der neuen Lehre bekannt zu machen, die du da vertrittst? Denn es sind ja befremdliche und neuartige Dinge, die du uns da zu Ohren kommen lässest!"

Dazu muß man wissen, daß nicht nur die Athener als solche, sondern auch die Zugezogenen auf nichts so versessen sind wie darauf, das Allerneueste und Modernste zu reden und zu hören.

Da trat Paulus in die Mitte des Areopags und begann seine Rede so:

„Wohin ich auch blicke, kann ich erkennen, daß ihr besonders religiös seid. Denn als ich die Stadt durchwanderte und mir eure Kultstätten genau ansah, fiel mein Blick auf einen Altar, der die Aufschrift trug: ‚Einem unbekannten Gott'. So verehrt ihr eine Macht, die ihr nicht kennt – und *obwohl* ihr sie nicht kennt. Und ich bin es nun, der sie euch verkündigt und der euch sagt, wer dieser unbekannte Gott ist."

Apostelgeschichte 17,16–23

TEXT

Den Juden geht es darum, daß sich Gott in wunderbaren Zeichen kundtut, während die Griechen den „Gott der Philosophen" suchen.

Wir aber verkündigen den gekreuzigten Christus. – Für die Juden ist dieses Bild göttlicher Ohnmacht ärgerniserregend, und für die Griechen ist es das genaue Gegenbild der philosophischen Vernunft: nämlich der Unsinn selbst.

Denen aber, die den Anruf Gottes vernommen haben – ganz gleich ob Juden *oder* Griechen! –, begegnet in Christus nicht die Ohnmacht, sondern die Macht Gottes, und nicht der Un-Sinn, sondern die Weisheit Gottes.

Obwohl ich selbst nun durch Christus von aller Menschenbindung frei geworden bin, habe ich mich doch zum Knecht aller Menschen gemacht, einfach, um möglichst viele von ihnen zu gewinnen. So bin ich für die Juden auch meinerseits ein „Jude" geworden, eben um sie wirksam ansprechen zu können.

Mich selbst hat mein Glaube zwar vom Gesetz frei gemacht. Doch wenn ich es mit mosaischen Menschen zu tun habe, die in der Bindung an das Gesetz leben, dann habe ich mich ebenfalls daruntergestellt, um sie ansprechen zu können.

Andererseits bin ich den Griechen und denen, die das mosaische Gesetz nicht haben, wieder als ein Gesetzloser begegnet. Dabei bin ich selbst doch durchaus „unter Gott" und insofern keineswegs „bindungslos". Christus ist ja der Maßstab, der mich bindet! Gleichwohl betrat ich die Ebene der Gesetzlosen, um auch sie ansprechen zu können.

Kurz: Ich bin allen alles geworden, um auf jeden Fall einige zu retten. Den Schwachen bin ich wie ein Schwacher geworden; auch um *sie* ist es mir ja gegangen! Das alles tue ich um des Evangeliums willen, um in seinem Namen mit allen solidarisch zu sein.

1. Korinther 1,22–25; 9,19–23

Wie modern darf die Theologie sein? Ist das nicht eine merkwürdige und etwas unzeitgemäße Frage? Wem fiele es etwa ein zu fragen: Wie modern darf ein Automobil oder ein Diktiergerät oder die Ausstattung eines Laboratoriums sein? Man würde den, der so fragte, wahrscheinlich für leicht benebelt oder für einen Sonderling halten. Denn selbstverständlich kann ein technisches Gerät nicht modern genug sein. Modernisierung heißt hier ganz einfach Verbesserung, Ausmerzung von Fehlerquellen und rationellere Funktion. Der Standard von gestern ist heute eben überholt.

Warum stellen wir aber diese offenbar abwegige Frage, wie modern etwas sein dürfe, gerade bei der Theologie? Ist es denn hier so anders als bei der Technik? Es gibt treue Gotteskinder, denen beim Begriff „moderne Theologie" ein kalter Schauer über den Rücken rinnt. Und es gibt wiederum andere Zeitgenossen, Intellektuelle und Wahrheitssucher aller Art, die darin ein befreiendes Stichwort erkennen, ein Signal, das ihrem fast erstorbenen Glauben noch einmal eine Chance und einen neuen Auftrieb zu verheißen scheint: Du kannst den Glauben an Christus als etwas Heutiges, Gegenwärtiges erleben und brauchst dich dabei nicht künstlich in alte Zeiten zurückzuversetzen.

Was also in der Technik ein optimales Gütezeichen ist – eben dieses Wort „modern" –, das löst auf dem Felde der Theologie eine geradezu turbulente Polemik aus: Zeitungen und Nachrichtenmagazine wissen, was den Leuten an Nieren und Nerven rührt, und sie öffnen dieser Aufregung ihre Spalten. In der Dortmunder Westfalenhalle versammelten sich vor einigen Jahren zwanzigtausend Menschen, um von der „modernen Theologie" zu bekennen, sie sei das Schafskleid, in dem sich der alt-böse Feind heutzutage tarne. Hier Geist Gottes und hier Beelzebub: so gegensätzlich sind die Parolen, die an unser Ohr dringen.

Was sollen wir davon halten? Denn in der Tat: es kann uns ja nicht kalt und gleichgültig lassen, wenn wir sehen, wie das teuerste Gut, das uns anvertraut ist, wie unser Glaube hier derart hin- und hergezerrt wird; wenn die einen sagen, die „moderne Theologie" mache uns Menschen des 20. Jahrhunderts das Glauben wieder *möglich*, und wenn die andern dem entgegenhalten, hier werde er im Gegenteil veruntreut, zersetzt und verleugnet.

Wenn man Interesse für die Geschichte eines Wortes hat, kann man feststellen, daß das Wort „modern" in der Theologie von jeher sehr umstritten war. Vor 700 Jahren tauchte es zum ersten Male als Schimpfwort für eine Richtung auf, die bewährte Traditionen durch allerhand Neuerungen aufweichen wollte. Aber die damals als „modern" Verschrienen waren nun nicht faul, diesen Vorwurf zurückzugeben und die konservativen Hüter der Tradition ihrerseits als reaktionär und als versteinerte Mahnmale eines längst Erstorbenen zu bezeichnen.

Ich möchte in dieser und in den folgenden Reden versuchen, hier ein wenig Klärung zu gewinnen, und beginne mit einigen wenigen Gesichtspunkten, die wir durchdenken wollen, die aber das Problem natürlich nicht erschöpfen können.

Ortega y Gasset sagt einmal, Modernität sei das Bewußtsein, sich auf der Höhe der Zeit zu befinden und dadurch früheren Stadien der Geschichte überlegen zu sein. Der Christ mag sich daraufhin sofort die Frage stellen, ob diese Art Modernität auch für seinen Glauben und für die gedankliche Ausformung dieses Glaubens gelten könne. Zunächst scheint ja einiges dagegen zu sprechen:

Die Grundwahrheiten des Glaubens sind doch offenbar konstant und unveränderlich. Daß Gott der Schöpfer Himmels und der Erde ist, daß der Mensch von der verbotenen Frucht gegessen hat, daß er ein Sünder und an die Eitelkeit des Vergänglichen versklavt ist, daß Gott ihm trotzdem die Treue hält und ihn unter Schmerzen sucht und daß Jesus Christus das Siegel dieser Treue ist: nun, alle diese und noch andere Wahrheiten sind doch offenbar von einer *über*zeitlichen Geltung. Sie wurden von unsern Vätern bekannt und werden hoffentlich auch von unsern Enkeln noch bekannt werden. In der Technik, so sahen wir, heißt „Modernisieren" soviel wie „überbieten" und „verbessern". Wie aber sollen diese *Wahrheiten* denn überboten und verbessert werden? Entweder es ist *wahr*, daß der Mensch von sich aus verloren und erlösungsbedürftig ist, dann stimmt es *immer*, dann kann es nicht *noch* wahrer gemacht werden. Und wenn man hier etwas „modernisieren" will, wird man den Verdacht nicht los, es solle etwas geändert, jene Wahrheiten sollten also vielleicht modisch zurechtgestutzt, gefälliger gemacht und eben darin verfälscht werden. Und scheinen Symptome dieser Art nicht tatsächlich bei dem erkennbar zu sein, was man heute etwas unglücklich als „moderne Theologie" bezeichnet? Scheint da nicht all das abgebaut zu werden, was den „Leuten auf der Höhe der Zeit" ärgerlich und veraltet erscheint und mit dem „letzten Stand der Wissenschaft" (was das überhaupt ist?!) nicht mehr in Einklang steht? Die Wunderberichte werden im Namen einer Wissenschaft, die den geschlossenen Kräftehaushalt der Natur vertritt, gekappt. Transzendente Interventionen und Eingriffe Gottes darf es nicht mehr geben, weil ein ursachloses Geschehen allen Axiomen widerspricht, auf die unser heutiges Weltbild gegründet ist. Aber fällt damit nicht auch die Auferstehung Christi und die Wiederkunft des Herrn am Ende der Tage hin?

Sicher: die sogenannte „moderne Theologie" will das alles nicht aus dem Glaubensbekenntnis hinauswerfen. Auch unter ihren extremen Vertretern gibt es kaum jemanden, der das Apostolische Glaubensbekenntnis zum Tempel hinausfeuern möchte. Auch sie sprechen weiterhin die Worte „geboren von der Jungfrau Maria, auferstanden von den Toten, aufgefahren gen Himmel…" Aber man versteht das alles nicht mehr als Aussage über Fakten (denn diese Fakten würden ja aus der Geschlossenheit des Weltzusammenhangs herausfallen und insofern unvereinbar sein mit den Grundsätzen, die unsere Wissenschaft und unsere technische Weltbewältigung bestimmen). Man versteht sie nicht mehr als Fakten, sondern nur als symbolische Chiffren. In der Sprache der „Legende" und des „Mythos" ist hier eine tiefsinnige Wahrheit über das Leben ausgedrückt. Darum müssen wir in Ehrfurcht und in Respekt diese Sprache entziffern und die verborgenen Wahrheiten für unsere Generation aus ihr herausholen.

Auch diese Leute sind fromm und wollen bewahren. Sie sind von den Wahrheiten angerührt, die dieses merkwürdige alte Buch enthält, und sie wollen sie nicht preisgeben. Das möchte ich gerade als jemand aussprechen, der in diesen Fragen anders denkt.

Damit wende ich mich gegen nicht wenige sogenannte „Fromme", die in dem, was man moderne Theologie nennt, nur einen Sündenpfuhl und in ihren Vertretern nur satanische Fratzen sehen. Ich glaube, sie können am Jüngsten Tage noch einmal Unannehmlichkeiten bekommen wegen der unnützen Worte und des oft falschen Zeugnisses, das sie gegen ihren Nächsten geschleudert haben. Oft ist es nämlich nicht Glaube, der hier protestiert, sondern nur Denkfaulheit und Kleinglaube, die sich gegen neue Fragestellungen sperren.

Immerhin bleibt die Frage bestehen: Haben die sogenannten modernen Theologen nicht eben doch Entscheidendes preisgegeben, wenn sie aus den Veranstaltungen Gottes ein bloßes Gleichnis zu machen scheinen und wenn sie die alten Wahrheiten auf unser heutiges Bewußtsein hin zurechtstutzen und also beschneiden?

Das ist jedenfalls die Frage, von der die Frommen beunruhigt sind – und zum Teil, wie man zugeben muß, auch aus guten Gründen.

Dennoch ist Vorsicht geboten. Ganz so einfach ist es nämlich nicht: Die alten Wahrheiten, die gestern wahr gewesen sind, werden gewiß auch heute und morgen wahr sein. Aber kann man sie auch immer auf die gleiche *Weise* sagen? Kein Zweifel: Der pythagoreische Lehrsatz kann für alle Zeiten so bleiben, wie er ist. Ein Kosmonaut, der bei seiner Mondumkreisung an ihn denkt, kann ihn nicht anders formulieren, als ihn schon Kopernikus oder Galilei kannten. Aber gilt das auch von Wahrheiten, die über Gott und Mensch ausgesagt werden? Gilt das auch von christlichen Sätzen?

Es gibt einen sehr bezeichnenden Hinweis dafür, daß es hier anders ist. Ich meine die simple Tatsache, daß es überhaupt so etwas wie die Predigt gibt. Warum begnügen wir uns nicht damit, nur die Bibeltexte zu verlesen und das Apostolische Glaubensbekenntnis zu deklamieren? Darin sind doch schließlich alle christlichen Wahrheiten in der Urfassung und auf das Wesentlichste komprimiert beschlossen! Warum halten wir so lange Reden „darüber", statt die Dinge im klassischen Original einfach vorzulesen? Und welche Mühe verwenden wir nicht jeden Tag und besonders jeden Sonntag darauf, das Alte immer wieder neu zu sagen! Wieviel Wasser wird dabei auch in die alte feste Speise gegossen! Warum also diese ganze verwässernde Rhetorik, all dieses Drumherumreden, statt das Wort Gottes im Original erklingen zu lassen?

Im Original? Was heißt denn das? Läse ich die Bibel im hebräischen und griechischen Urtext vor, würde sie kaum jemand verstehen. Ich muß sie zumindest übersetzen. Aber was heißt übersetzen? Das heißt doch offenbar, daß ich die alte Botschaft in die Sprache von heute übertragen muß. Schon der Luthertext ist ja in weiten Partien heute unverständlich. Übersetzen heißt aber noch mehr. Es heißt doch zugleich „nahebringen", so daß der Hörer merkt: Es geht mich an. Wie furchtbar wäre der Gedanke, ich könnte hier als Prediger zwar über das reden, was wichtiger ist als Essen und Trinken, ich könnte über die Frage reden, ob wir unser Leben verfehlen, zur Sinnlosigkeit verdammen oder über Not und Schuld triumphieren können – – doch in der siebenten Reihe links säße jemand, der sich gelangweilt auf der Kirchenbank räkelt und nur feststellt: „Kalter Kaffee; was geht das mich an? Mich interessiert nur, wie ich weniger arbeiten muß, mehr verdiene und wie ich meine Triebe auf möglichst amüsante Art abreagieren kann!" Wenn mir hier der Auftrag zuteil geworden ist, ein Botschafter für die letzten Fragen unseres Lebens zu sein, und es gelingt mir nicht zu zeigen, daß einen das *angeht*, daß es mit meinem Tod und meinem Leben zu tun hat, dann ist das doch geradezu tödlich für mich: entweder in dem Sinne tödlich, daß ich alles falsch gemacht habe, oder tödlich in der Weise, daß Gott das Gericht der Verstockung über diese Stunde verhängt hat.

Das Evangelium will doch den Menschen *angehen*. Wenn einem zum Tode Verurteilten in der Zelle eröffnet wird, er sei freigesprochen und statt des grausigen Endes könne das Leben noch einmal für ihn beginnen, dann geht das den Gefangenen natürlich in elementarer Weise an. Die ganze Alternative seines Schicksals konzentriert sich sozusagen auf diesen einzigen Augenblick. Es wäre absurd, anzunehmen, daß er diesen Augenblick gelangweilt und unbeteiligt verdöste. Genauso geht ja auch das *Evangelium* den Menschen an. Denn auch hier verlieren wir unsere Ketten; und was uns bisher tyrannisch bedrängte (die Sorge gegenüber dem morgigen Tag, die Last unvergebener Schuld, der Haß, der das Herz abschnürt, die Angst, die lauter Gespenster des Schreckens produziert): das alles ist plötzlich seiner Macht beraubt und darf mich nicht mehr entführen.

Ist es aber nicht sehr merkwürdig: Meine kleine Geschichte von dem Gefangenen, den sein plötzlicher Freispruch aufs tiefste berührt und angeht, sagt so Selbstverständliches aus, daß sie eigentlich schon etwas banal ist. Der Freispruch Gottes aber, den uns das Evangelium mitteilt, läßt uns eben weithin kalt und geht uns nichts an. Denn würde diese Nachricht ernst genommen, dann wäre sie doch selbst dann, wenn man sich ihr verweigerte, wenn man nicht an sie glauben könnte, Tagesgespräch; dann würde sie uns doch mindestens so angehen wie die Nachricht über einen drohenden Atomkrieg oder einen Herzinfarkt des amerikanischen Präsidenten.

Woran liegt es nun, daß das Evangelium uns immer wieder *nicht* anzugehen scheint und daß es oft in der Kommode unserer Jugenderinnerungen als nicht verwendbare Katechismuswahrheit abgelegt wird? Oder, um die Frage positiv zu wenden: *Was geht uns denn überhaupt an?*

Im allgemeinen regt mich nur das in meinem Leben an oder sogar auf, was meine Lebensfragen berührt. Wenn ich zum Beispiel ein typischer Schreibtischmensch bin, der sich in alte Schmöker versenkt und kaum einmal die Nase in den Wind hält, dann interessiert es mich nicht, wenn jemand mir erklärt, auf wie trickreiche Art man Forellen fangen kann. Und umgekehrt: Wenn jemand ganz in seinem Hobby, Leichtathletik zu treiben, aufgeht, so wäre es chinesische Musik für ihn, wenn jemand ihm Kants „Kritik der reinen Vernunft" erklären würde. Das Werk von Kant ist für den, der es versteht, überaus spannend, und das Forellenfangen ist für leidenschaftliche Angler enorm aufregend. Beides aber ist gleichgültig für den, dem die Fragen der Philosophie oder die Abenteuer des Wassers eben keine Lebensfrage sind.

Macht man sich diese im Grunde sehr einfachen Tatbestände klar, dann versteht man plötzlich, was sie für das Evangelium bedeuten: Es geht mich so lange nichts an und interessiert so lange nicht, wie ich keine Verbindung zwischen diesem Evangelium und meinen Lebensfragen entdecken kann. Und genau das ist der Grund, warum es in jeder Generation neu gepredigt und auf neue Weise gesagt werden muß. Denn jedes Geschlecht hat wieder seine eigenen und anderen Fragen. Deshalb muß das Evangelium sozusagen ständig umadressiert werden. Der Empfänger wechselt fortgesetzt seinen Wohnsitz: Für den Zeitgenossen Luthers war der Richter-Gott, waren Jüngstes Gericht und Hölle eine Realität, und seine ganze innere Leidenschaft bezog sich auf die Frage, wie er hier bestehen und Rettung finden könne. Ein solcher Mensch wohnt natürlich in einem ganz andern Daseinsgehäuse als unser eigener Zeitgenosse, der wehmütig oder zynisch feststellt: „Gott ist tot", und der mit Camus an die Absurdität des Daseins glaubt. Wenn ich dem Menschen, der mit dem Tode Gottes rechnet, eine Predigt über die Frage halte, wie er dem Jüngsten Gericht entgehen und einen gnädigen Gott finden könne, dann wird er nur den Kopf schütteln, weil das einfach nicht sein Thema ist. Wie soll jemanden, der mit der Nicht-Existenz Gottes rechnet, die Frage interessieren, auf welche Weise man die *Gnade* dieses nicht vorhandenen Gottes gewinnen könne?

Kurz: wenn die Lebensfragen sich geändert haben, dann muß ich den Brief mit dem Evangelium umadressieren. Sonst antworte ich auf Fragen, die gar nicht gestellt wurden. Und bei solchen Antworten schüttelt mein Gegenüber den Kopf und sagt nur: „Das geht mich nichts an; darin komme ich nicht vor."

Das ist der Grund dafür, warum eine Theologie gar nicht modern genug sein kann. Denn wenn das Evangelium dem Menschen sagt, daß Gott ihm gut sei, daß Gott nicht an ihm irre werde, auch wenn er sich in noch so ferne Fremden verirrt oder an noch so ekligen Schweinetrögen verkommt, dann muß das immer neu und auf eine ständig „modernisierte" Weise gesagt werden. Denn die Fremden und die Schweinetröge, die Formen der Schuld und der Angst ändern sich ständig, selbst wenn sie im letzten Grunde nur Variationen ein und derselben Gottesferne sind. Wenn jemand wie Gottfried Benn an den Horizonten des Lebens die Trompeten des Nichts dröhnen hört, wenn die nackte Sinnlosigkeit nach ihm greift und er von keinen „höheren Gedanken" mehr weiß, die über uns gedacht werden, dann wird ihn die Botschaft Jesu aus anderen Richtungen und mit anderen Klängen erreichen als einen mittelalterlichen Menschen, für den es eine Selbstverständlichkeit war, daß Gottes Arme das Universum umfingen, und für den es nur die *eine* Frage gab, ob diese Hände ihm liebevoll zuwinken oder in Strenge drohen würden.

Mir erscheint es immer als das größte Wunder des Evangeliums, daß es *alle* diese menschlichen Möglichkeiten in sich beschließt und jedem in seine Spezialfremde nachgeht: daß es die Dirnen in ihrer armseligen Verkommenheit und den reichen Jüngling in seinem glänzenden Elend zu finden weiß; daß es den Opportunisten Pontius Pilatus anspricht und zugleich das verzweifelte kanaanäische Weib; daß es Luther in seiner Gewissensangst erreicht und daß es dem unglücklichen Neger Rufus, der in einem Roman James Baldwins sich mit einem Fluch in den Tod stürzt, noch eine letzte Hoffnung auf Frieden abgewinnt.

So sind sie alle in ihm geborgen, von ihm umfangen, und *aller* Adressen stehen auf dem großen Briefumschlag: Christus ist selbst noch für die da und für die gestorben, die den „Tod Gottes" betrauern, die unter der Absurdität des Daseins seufzen (oder auch mit ihr kokettieren!) und die wie der tote Christus bei Jean Paul verzweifelt rufen: „Vater, wo ist deine unendliche Brust, daß ich an ihr ruhe?"

So muß die alte Melodie des Evangeliums in immer neue Tonarten umgeschrieben werden, auch in die moderne, auch in die „atonale".

Genau das hat Paulus mit unserm Textwort gemeint: Die Griechen fragten nach dem, was die Welt im Innersten zusammenhält, fragten mit spekulativem Interesse nach den Hintergründen des Kosmos. Darum geht Paulus auf diese Fragen ein, damit es die Griechen „angehe". Er tut das freilich nicht so, wie es spätere Apologeten taten, daß er ihnen Christus einfach als eine Antwort auf ihre philosophischen Fragen anpriese. Sondern er tut es so, daß er ihre Fragen sozusagen durchstreicht und ihnen zu verstehen gibt, Gott sei gerade nicht in den Höhen der Spekulation zu finden, sondern genau am andern Ende: in der Tiefe des menschlichen Elends und in äußerster Verlassenheit, am Schandpfahl des Kreuzes. Dahin habe ihn seine Liebe getrieben. Nur wer ihn in dieser ungöttlichen Erbärmlichkeit suche, finde ihn. Nur wer Jesu Kreuz annehme, halte seine Hand. Sonst ende er, wie Pascal es ausgedrückt hat, beim Gott der Philosophen, der nichts anderes ist als der stumme Götze einer Idee.

Und während Paulus so den Griechen ein Grieche wird, während er ihnen auf *ihrer* geistigen Ebene begegnet (und auch widerspricht!), wechselt er sofort die Front, wenn er nun den Juden das Gleiche, aber dieses Gleiche eben doch wieder ganz anders sagt: Die Juden ringen mit dem Gesetz Gottes. Sie haben seine Bestimmungen bis ins Feinste ausziseliert und eine überaus komplizierte Gehorsamsethik entwickelt. Das führte entweder dazu, daß sie sich im heillosen Gestrüpp dieser Forderungen verfingen und an der Möglichkeit, gerecht zu werden, verzweifelten; *oder* daß sie (genauso schlimm!) der Illusion verfielen, dies alles erfüllen zu können, und dann pharisäisch-selbstgerecht wurden. Auf dieser Ebene läßt Paulus nun das Evangelium auf eine ganz andere Weise angreifen: Hier sprengt er die schreckliche Alternative „Selbstgerechtigkeit oder Verzweiflung" und zeigt den Juden, daß ein *anderer* an unserer Statt das erfüllt hat, was kein Mensch von sich aus erfüllen kann, und daß wir nun freie und mündige Söhne Gottes sind. Das Herz Gottes ist nicht etwas, so sagt er den Juden, was wir uns *erringen* müssen, sondern was sich uns *schenkt*. Das ist das Spezialevangelium, wie es die Juden zu hören bekommen.

So ist Paulus in programmatischer Weise das, was man im guten Sinne des Wortes einen „modernen Theologen" nennen könnte. Er vollzieht ja die ständige Umadressierung der Botschaft, er stellt sich auf sein jeweiliges Gegenüber, eben auf seine Zeitgenossen ein. Und was Paulus damals tat, das müssen wir heute in seinem Sinne weiter tun: Wir müssen den Marxisten ein Marxist, den Existentialisten ein Existentialist und vielleicht den Gammlern ein Gammler sein. (Dazu müßten wir sie allerdings erst einmal lieben und dann in Liebe dahinterkommen, *warum* sie gammeln. Nur so werden wir das Spezialevangelium für sie finden.)

Doch halt, was heißt das denn? Bedeutet dies, daß wir uns „*angleichen*" sollen, um womöglich den Leuten nach dem Munde zu reden? Das sei ferne! Paulus hat den Griechen und den Juden ja gerade *widersprochen* und hat ihnen gezeigt, daß Gott ganz anders ist, als sie vermuten. Aber er hat sie eben bei diesen ihren Vermutungen *aufgesucht* und ist ihnen auf der Ebene ihrer *Fragestellungen* begegnet. Das ist das Entscheidende. Aber er hat ihnen nicht

nach dem Munde geredet, um ihnen das Evangelium diä-
tetisch-appetitlich zu machen. Niemand hat das Entscheidende hier so tief und präzis formuliert wie der große Bi-
beltheologe Martin Kähler: „Paulus", so meint er, „hat
zwar gesagt, er wolle den Juden ein Jude und den Griechen
ein Grieche sein, aber er hat sich geweigert, den Juden ein
Wundertäter und den Griechen ein Kulturchrist zu sein."

Hier liegt vielleicht der wunde Punkt bei dem, was wir
heute als sogenannte „moderne Theologie" bezeichnen.
Ich sage das freilich nur mit Zagen, weil ich damit auf diffi-
zile Fragen stoße, die man nicht gut in einer Predigt be-
handeln kann. Wenn ich auf der *einen* Seite sagte, eine
Theologie könne gar nicht modern genug sein, weil sie
ständig an den Zeitgenossen adressiert und darum um-
und neu adressiert werden muß, so gilt auf der *andern*
Seite, daß alles falsch wird, wenn man die Modernität zum
Selbstzweck macht und zur Norm erhebt. Ich kann das
Problem, um das es hier geht, nur andeuten und muß es
dabei belassen:

Auf der einen Seite muß das Evangelium auf moderne
Weise gesagt werden. Nur dann kann es der heutige
Mensch, kann es also mein Nächster sich ja aneignen. Es
muß ihm doch fremd bleiben, ja, er muß es sogar von sich
weisen, wenn er entweder nicht versteht, wieso es mit seiner Lebensfrage zu tun hat, oder wenn dieses Evangelium
in diametralem Gegensatz zu dem zu stehen scheint, was
sein heutiges Wahrheitsbewußtsein für möglich halten
kann. So müßte er sich etwa versagen (er müßte es wirklich!), wenn das Evangelium von ihm verlangen würde,
das antike vorkopernikanische Weltbild mit zu überneh-
men, so wie die Bibel es als antikes Buch ja enthält. Nur
wenn ich ihm sehender- und wissenderweise glauben darf

und wenn mich mein Glaube nicht zwingt, irgendetwas zu verdrängen oder vorübergehend zu vergessen, kann ich mir das Geglaubte wirklich aneignen.

Übrigens ist das keineswegs bloß eine Bedingung, die ich als sogenannter moderner Mensch dem Glauben stelle. Sondern der Glaube verlangt dasselbe auch von *sich* aus. Denn Jesus Christus will mich doch *ganz*. Er will, daß ich ihm nicht nur mit meinem Gewissen, mit meinen Leidenschaften und Ängsten gehöre, sondern er will mich auch mit meiner Vernunft, mit meiner Wissenschaft und mit allen Regionen meines Bewußtseins. Wenn ich aber irgend etwas unterdrücken und verdrängen muß, was ich als Naturwissenschaftler oder als Historiker weiß, wenn ich ihm also nicht mit wachem und ungebrochenem Bewußtsein entgegeneilen und ihm sagen darf: „Hier hast du mich mit allem, was ich bin und habe (auch mit meinem Wissen, auch mit meinem Verstand)", dann gehöre ich ihm ja nicht *ganz*, dann stelle ich ihm höchstens meine religiöse Provinz oder mein frommes Gefühl, also nur ein *Stück* von mir, zur Verfügung. Jesus Christus aber will alles oder nichts. Die Lauen und Halben, die nur religiös Interessierten, die niemals zu einer ganzen Auslieferung ihrer selbst kommen, sind aber immer die Geprellten. Es wäre ihnen vielleicht besser, wenn sie blind geblieben wären (Joh. 9,41).

Sosehr also der Grieche und der Jude und der moderne Mensch von heute das Evangelium mit ihrem jeweiligen Wahrheitsbewußtsein sich aneignen müssen, so wenig darf man doch vergessen, daß Paulus den Juden und Griechen (also den modernen Menschen von damals und heute) sich *nie hat angleichen* wollen. Vielmehr hat er sie auf der Ebene ihres Denkens gerade in Frage gestellt.

Könnte es nicht so sein, daß wir gerade *das* heute manchmal verhängnisvoll anders machen? Gewiß, wir wollen dem modernen Menschen ein moderner Mensch sein. Gut – bis dahin ist alles richtig. Aber könnte es nicht sein, daß es nun auf falsche Art weitergeht? Wir sind als eben diese modernen Menschen überzeugt, daß die Welt ein in sich geschlossener Kräftehaushalt ist und daß alles Leben mit dem Tode endet. Es könnte nun sein – und nicht selten ist es auch so –, daß wir dieses Weltbewußtsein des modernen Menschen absolut setzen und schlicht sagen, daß „nicht sein kann, was nicht sein darf": es *darf* nicht sein, daß Gott der Welt und ihrer Gesetze mächtig bleibt; es *darf* nicht sein, daß er an einer Stelle die Front des Todesverhängnisses durchbrochen hat; es *darf* nicht sein, daß Gott inmitten unserer Geschichte an *einer* Stelle im Jahre „eins" aufgetaucht und ein „einzelner Mensch" (Kierkegaard) geworden ist – also *kann* es nicht sein.

Hier wäre dann etwas Verhängnisvolles passiert: Hier würde die Modernität unseres Bewußtseins plötzlich dazu führen, daß wir uns gegen die Ankunft Gottes verschanzen. Wir proklamieren dann: Nur *der* Gott soll uns willkommen sein, der den Bedingungen entspricht, die wir ihm stellen müssen, um ihn als Gott akzeptieren zu können. Wir sind bereit, ihn als Gott anzuerkennen, wenn er nicht *mehr* von uns will, als uns den Sinn unseres Lebens zu verdeutlichen und uns die Tiefe des Daseins zu erschließen. Aber wir wollen ihn nicht, wenn er alles in Frage stellt, was zu unsern selbstverständlichen Gewißheiten gehört. Wir wollen Griechen und Juden und moderne Menschen bleiben; Gott mag sich danach richten! Er soll uns Griechen gerne der Inbegriff der Weltweisheit sein; uns Juden darf er (warum nicht?) gerne der himmlische

Repräsentant der Gerechtigkeit und uns Existentialisten die Chiffre für die Tiefe des Seins sein.

Wenn wir so denken, wird uns die Modernität zum Verhängnis. Denn der Adressat, der Jude und der Grieche, verweigert einfach die Annahme, wenn ihm das Paket göttlicher Wahrheit nicht paßt. Oder er öffnet es und sortiert das aus, von dem er glaubt, daß es für ihn unzumutbar sei. Wenn wir in diesem Sinne modern sein wollen (in einem sehr selbstgerechten, sehr sicheren und sich überlegen dünkenden Sinne), dann verüben wir nichts Geringeres als ein Attentat gegen die Wahrheit Gottes. Wir erlauben uns nämlich, selbst darüber zu entscheiden, was für uns Wahrheit sein könne. Und derweil ist es doch umgekehrt: Gottes Wahrheit fragt viel mehr nach *uns*, als daß wir nach *ihr* fragten. „Denn das Christentum", so sagt Georges Bernanos, „hat doch eine Wahrheit in die Welt gebracht, die durch nichts mehr aufgehalten werden kann, weil sie auch dem unergründlichsten Gewissen noch voraus ist und weil sich der Mensch sofort darin wiedererkannte: Gott hat einen jeden von uns gerettet, und jeder von uns ist das Blut Gottes wert." Wir aber fragen andersherum: Bist du, Gott, *unser* noch wert? Wir glauben, deine Wahrheit muß ein bißchen umfunktionalisiert werden, bis sie zu unsern Lebensfragen und unsern intellektuellen Gepflogenheiten paßt!

Das wäre dann in der Tat eine „moderne Theologie", die sich dem Gericht überantwortete, einem Gericht, das sie eigentümlicherweise (und gleichwohl aus tieferen, durchaus angebbaren Gründen) selbst gar nicht mehr sieht.

Diese Art „moderner Theologie" hat es immer gegeben, nicht erst heute, nein: schon seit zweitausend Jahren. Immer wieder hat man das Paket göttlicher Wahrheiten ausgepackt und alles ausgesondert, was einem nicht paßte. Immer hat man die Gestalt Jesu auf schauerliche Weise amputiert, bis er in das Prokrustesbett der eigenen jeweils für modern gehaltenen Begriffe paßte: Man hat ihn in den ersten Jahrhunderten nach dem griechischen Logos-Begriff zurechtgeformt und philosophisch eingeebnet. Man hat ihn in der Aufklärung zu einem Vernunftwesen, im Idealismus zu einer Idee, im Kulturprotestantismus zu einem Tugendlehrer und bei den Existenzphilosophen zu einem Sokrates gemacht, der uns die Tiefe menschlichen Daseins enthüllt. Heute ist er für viele nur als Sozialrevolutionär relevant. Sie stutzen ihn ideologisch zurecht – ohne Rücksicht auf Verluste! –, bis er in ihre Gesellschaftskonzeption paßt. Jesus Christus hat durch die ganze Kirchengeschichte den Prozeß einer immer neuen Kreuzigung erlitten. Er ist gegeißelt und verwundet und in die Gefängnisse immer neuer Systeme, Philosophien und Ideologien gesperrt worden. Er wurde in Begriffsgräber versenkt und als Leichnam des Gedankens mit steinernen Platten bedeckt, damit er sich nicht regen und uns nicht mehr beunruhigen sollte. Hatte man ihn auf diese Weise nicht unschädlich gemacht, indem man ihn der Front menschlicher Gedanken eingliederte – so wie Hölderlin das in einer verzweifelten Bemühung versuchte, wenn er in einer späten Hymne „Der Einzige" Christus auf den Olymp versetzte und als einen unter vielen Göttern erscheinen ließ? Ist die Geschichte des Christentums nicht immer wieder die Summe verhängnisvoller Mißverständnisse, die sich um Jesus Christus gebildet haben? Ist diese Kirchengeschichte bis heute nicht ein weithin mißlungenes Experiment, ein verzweifelter Triumph des jeweils Modernen über den Nazarener, der dies alles schweigend und hilflos über sich ergehen lassen mußte?

Das ist eine kühne Frage, wohl die kühnste, die man auf einer Kanzel stellen kann. Und dennoch ist sie zugleich sehr tröstlich:

Wenn uns bei diesem Gedanken für einen Augenblick Verzweiflung übermannen mag, so werden wir im selben Augenblick zu Zeugen eines Wunders. Keine Idee, kein menschlicher Gedanke hätte solche „Pferdekuren" überstanden. Nichts hätte solche Attentate, Amputationen, Kreuzigungen überstanden, ohne auf dem Friedhof der Geistesgeschichte zu enden und allenfalls den Historikern noch einiges Interesse abzugewinnen.

Dies aber ist nun das Wunder: Aus allen diesen Begriffsgräbern ist Jesus Christus immer wieder auferstanden. In keinem dieser Gräber ist er geblieben. Keine Grabplatte war schwer genug, um ihn zu halten. Immer neu tritt er, wo zwei oder drei in seinem Namen versammelt sind, mitten unter sie und ist in tröstender Gegenwart nahe. Immer wieder erscheint er an den Sterbebetten und legt den Leidenden in der letzten Not seine Hand unter den Kopf. Und mit Lobgesängen gehen viele für ihn in den Tod.

Neben dem leer gewordenen Grab aber fragen die Engel auch uns: Warum sucht ihr den Lebendigen bei den Toten? Eure Gräber haben ihn nicht halten können.

Daß wir in seiner Gemeinde versammelt sind, daß wir sein Wort vernehmen und ihn loben und mit ihm reden, das ist die große Widerlegung jener schaurigen Vision, daß die Menschen den lebendigen Herrn in ihren Begriffsgräbern unschädlich und zur „historischen Figur" machen könnten.

Seid getrost und unverzagt, so möchte ich jetzt in seinem Namen sagen: Jesus Christus sorgt selbst dafür, daß er jeder Zeit, die nach ihm greift und ihn vereinnahmen möchte, schon vorweg und voraus ist, daß er „moderner" ist als jede Neuzeit, die sich als Überbietung alles Bisherigen empfinden mag. Uns gilt ja sein Wort, das ihn als den Letzten und Neuesten, das ihn als den Lebendigen auf dem Felde der Totengebeine und auf der veralteten Erde verheißt: Siehe, ich bin bei euch alle Tage bis an der Welt Ende.

Wie verläßlich sind die biblischen Jesusberichte?

LESUNG

Ein Mann veranstaltete ein großes Festmahl und lud viele dazu ein. Zur Stunde des Mahles sandte er seinen Knecht aus, um den Geladenen sagen zu lassen: „Kommt nun, es steht alles bereit!"

Die aber fingen an, einer nach dem anderen, sich auf dieselbe Art zu entschuldigen.

Der erste sagte: „Ich habe einen Acker gekauft und *muß* nun einfach losgehen und ihn anschauen. Bitte sei so freundlich und betrachte mich als entschuldigt!"

Ein anderer ließ ausrichten: „Ich habe ein Ochsengespann erworben und bin gerade dabei, die Tiere zu besichtigen. Bitte entschuldige mich!"

Wieder ein anderer gab zur Antwort: „Eben habe ich geheiratet: ich kann doch unmöglich kommen!"

Als der Knecht nun zurückgekehrt war, erstattete er seinem Herrn Bericht über dies alles. Der wurde daraufhin sehr zornig und wies ihn an: „Los, begib dich schnellstens auf die Hauptstraßen und auch auf die Gassen der Stadt und bringe mir jetzt die Armen, die Krüppel, die Blinden und Lahmen her!"

Der Knecht meldete ihm dann: „Herr, es ist so gemacht worden, wie du befohlen hast; doch es ist *immer* noch Platz!"

Da erwiderte der Herr: „Dann geh auch noch auf die

Landstraßen und an die Zäune und setze etwas Druck dahinter, daß die Leute mitkommen, damit das Haus voll wird!"

Ich aber sage euch: Nun wird niemand von denen, an die meine eigentliche Einladung gerichtet war, mein Festmahl kosten.

Lukas 14, 16–24

TEXT

Schon viele haben sich daran gemacht, von den Ereignissen um Jesus zu berichten, die sich unter uns begeben und vollendet haben. Sie hielten sich dabei an das, was uns weitergegeben wurde, und zwar von Männern, die von Anfang an als „Augenzeugen" dabei waren und die das Wort dann auch seinerseits als seine Zeugen in Dienst nahm.

Für meine Person bin ich nun ebenfalls Schritt für Schritt und Punkt für Punkt dem allem von Anfang an nachgegangen und habe mich entschlossen, es für dich, hochgeehrter Theophilos, aufzuschreiben, und zwar peinlich genau und nach seinem zeitlichen Ablauf. Ich tue das, um dir die Verläßlichkeit der Worte zu verdeutlichen, in denen du unterwiesen wurdest.

Lukas 1, 1–4

Vor allem ist *eines* zu betonen: Ich habe euch nur *das* weitergegeben, was ich auch *meinerseits* empfangen habe: daß Christus im Einklang mit dem Zeugnis der Schrift für unsere Sünden starb, daß er begraben und dann am dritten Tage auferweckt wurde – wiederum im Einklang mit der

Schrift. Er erschien dann dem Kephas, darauf den Zwölfen. Später wurden über fünfhundert Brüder zugleich seiner Erscheinung gewahr. Die meisten von ihnen leben ja noch unter uns; nur einige sind gestorben. Schließlich erschien er dem Jakobus und endlich allen Aposteln. Zu guter Letzt erschien er dann auch noch mir, der ich so unreif dafür war wie eine Frühgeburt für das Leben.

Sollte es aber nicht stimmen, daß Christus so auferweckt wurde, dann wäre unsere Verkündigung Schall und Rauch und euer Glaube wäre Makulatur.

Setzen wir nur für *dieses* Leben unsere Hoffnung auf Christus, sind wir die bedauernswertesten unter allen Menschen.

1. Korinther 15, 3–8. 14. 19

Das sind monumentale Texte, nicht wahr. Sie zeigen eine granitne Gewißheit in allem, was sich um Jesus herum begeben hat. Es können ja noch Augenzeugen interviewt werden; und die Überlieferung erscheint lückenlos.

Wie schön wäre es, wenn wir dieser Versicherungen nun auch unsererseits sicher sein könnten! Aber können wir das? Schließlich handelt es sich doch um antike Menschen; und was *ihnen* einleuchtet, kann *uns* noch längst nicht so plausibel sein. Wenn *sie* mit frommem Schauer einen Wunderbericht hören, sind *wir* gerade skeptisch und nehmen ihn unter die kritische Lupe. Wir wissen doch – und wiesen bereits darauf hin –, daß die Welt ein in sich geschlossenes System ist, und können es deshalb nicht einfach so hinnehmen, wenn da von transzendenten Einbrüchen in dieses System, von Totenerweckungen, Sturmstillungen und himmlischen Chören die Rede ist.

Außerdem haben sich seit den Bemühungen des Lukas unsere historischen Methoden unendlich verfeinert. Sie sind geradezu raffiniert geworden. Einem Theophilos des 20. Jahrhunderts wären die Forschungsarbeiten des Lukas wahrscheinlich nicht exakt genug. Und jeder Zeitungs- und Magazinleser weiß doch heute, wie umstritten das ist, von dem Lukas gesagt hat, es sei bombensicher. Ist in diesem Buch nicht Historisches und Legendäres, Berichtendes und Kommentierendes so abenteuerlich vermengt, daß die Konturen des wirklichen Geschehens um Jesus Christus sich verwischen und die Gestalt des Herrn selber im Unerkennbaren verschwindet?

Aber: Warum reitet man denn überhaupt auf solchen historischen Berichten und auf der Frage ihrer Verläßlichkeit herum? Gibt es nicht genug Worte der Evangelien, die in sich selbst evident genug sind, die sozusagen das Aroma der Wahrheit an sich haben und darum der historischen Bezeugung gar nicht bedürfen? „Alles, was ihr wollt, das euch die Leute tun, das tut ihr ihnen auch!" Dieses Wort Jesu gilt doch auch *ohne* die Autorität des Historischen, es gilt doch auch dann, wenn der Herr es nie gesagt hätte, oder etwa nicht? Und wie steht es mit dem Gebot der Nächstenliebe? Oder mit dem Wort von den Lilien auf dem Felde, die sorglos blühen und uns das Vertrauen auf den Weltgrund lehren können? Das alles packt einen doch mit sozusagen *eigener* Autorität; hier spüren wir das Urgestein der Wahrheit.

Wenn das aber so ist: *Warum* dann die ganze historische Schnüffelei, *warum* dann die Frage, ob er es wirklich so gesprochen habe oder ob es ihm später in den Mund gelegt worden sei? *Warum* dann die Frage, ob dies oder jenes wirklich geschehen oder ihm nur nachher angedichtet worden sei? Geraten wir so nicht in die Sackgassen ganz falscher Fragestellungen? Und sind nicht schon Lukas und Paulus selber in diese Sackgassen geraten, wenn sie alles von der Verläßlichkeit der Zeugen, der Berichte und Traditionen abhängig machen? Sind wir *Heutigen* denn erst so gescheit, um diese falsche Frage nach dem Historischen zu durchschauen, und sind Paulus und Lukas wirklich nur naiv gewesen?

Ich bin dafür (und vielleicht auch meinerseits naiv genug!), daß wir Paulus und Lukas zunächst einmal *ernst* nehmen und uns überlegen, was sie sich dabei gedacht haben könnten, wenn sie die Tatsächlichkeit, wenn sie das reale Geschehensein der Ereignisse so eindeutig akzentuieren.

In Jacobsens Erzählung „Die Pest in Bergamo" predigt ein junger, bleicher und fanatischer Mönch darüber, wie Christus gekreuzigt wurde und wie die bechernde, grölende Soldateska unter diesem Kreuz ihn dann verhöhnte. Da ward Gottes Sohn – so heißt es – von Zorn und Verachtung erfüllt. Er erkannte, daß dieses Gemächte da der Erlösung nicht wert sei. Er riß seine Füße und Hände aus den Nägeln, sprang herab auf die Erde, raffte sein Gewand, um das sie würfelten, an sich, warf es mit dem Zorn eines Königs über die Schulter und fuhr zum Himmel auf. Das Kreuz aber blieb leer stehen, und das große Werk der Versöhnung ward niemals vollbracht. „Es gibt keinen Mittler zwischen Gott und uns", rief der Mönch, „es ist kein Jesus für uns am Kreuz gestorben. Versteht ihr: Es ist kein Jesus für uns am Kreuz gestorben."

Und in seinem Roman „Pontius Pilatus" dichtet Roger Caillois das Evangelium ähnlich um: Jesus von Nazareth wird von Pontius Pilatus freigesprochen; er geht also nicht ans Kreuz und verbringt den Rest seines Lebens als ein Prediger, dem wir viele goldene Worte verdanken. Il n'eut pas de Christianisme – „das Christentum aber blieb aus", so schließt das Buch. Es soll ein Gedankenexperiment sein, das die Frage durchspielt: Was wäre, wenn Christus nicht verurteilt und am Kreuz gestorben wäre?

„Es ist kein Jesus für uns am Kreuz gestorben." Hier greifen die beiden Dichter, wenn auch mit anderer Tendenz, die Frage des Paulus auf: Was wäre, wenn die Sache mit Christus nicht stimmte, wenn angeblich Geschehenes gar nicht passiert wäre? Und der Chor dieser sehr verschiedenen Stimmen antwortet: Das Christentum wäre ausgeblieben. Die Geschichte wäre anders verlaufen, wenn es diese Voraussetzungsgeschichte für alles Folgende eben *nicht* gegeben hätte. Und wir, die wir dieses alles gepredigt, die wir daran geglaubt und unser Leben darauf gegründet hätten, wären betrogene Betrüger und bedauernswerte Opfer eines Phantoms.

Wenn die französische Schriftstellerin Unm-el-Banine ihren Lebensbericht mit den Worten schließt: „Ich hatte das Opium gewählt – und Christus hat mich von den Toten auferweckt", dann wäre aus der Ironie jetzt bitterer Ernst geworden, und das Opium behielte tatsächlich recht, *wenn* Christus *nicht* auferstanden wäre und wenn der Grund nicht bestünde, in dem mein eigenes Lebenswunder zu gründen schien.

So bezeugen die Dichter in ihrer Art und auf sehr verschiedene Weise, manchmal mit entgegengesetztem Ziel, was daran liegt, daß die „großen Taten Gottes" geschehen und daß sie nicht nur Gleichnisse für zeitlose Wahrheiten sind. *Entweder* Gott ist an Weihnachten zu uns gekommen und der „Aufgang aus der Höhe hat uns besucht" – *oder* wir tappen als faustische Wanderer im Dunkeln, und die Aussicht nach drüben ist uns versperrt. *Entweder* Jesus Christus hat am Kreuz für uns gelitten, es hat also dieses Wunder der Stellvertretung gegeben – *oder* wir bleiben an das Unbereinigte in unserem Leben gefesselt und rufen aus einer Tiefe, in der uns niemand hört. *Entweder* hat Jesus Christus am dritten Tage die Front des Todes durchbrochen – *oder* die Todesgrenze unseres Lebens bestimmt auch seinen Sinn und überantwortet uns der Maxime: „Laßt uns essen und trinken, denn morgen sind wir tot" (1. Kor. 15,32).

So hart stoßen hier die Alternativen aufeinander, so grell wird hier das ins Licht gerückt, was auf dem Spiele steht, wenn bei den großen Taten Gottes die Frage nach der Wahrheit und der Illusion gestellt wird. Von Jean Paul bis Dostojewskij, von Jacobsen bis Caillois haben die Dichter das Gewicht dieser Tatsachenfrage manchmal deutlicher, beklemmend klarer gesehen als viele Theologen. Sie sahen es sogar dann, wenn sie (wie Jacobsen) Atheisten waren.

Wenn das aber so ist, dann scheint es zunächst ja alles andere als eine befreiende Feststellung zu sein! Dann ist unser Glaube doch, wenn nicht alles trügt, an überaus belastende Probleme ausgeliefert, ja in ein wahres Minenfeld schwerster Fragen verstoßen: Hängt unser Glaube nämlich daran, daß wirklich etwas *geschehen* ist, daß es reale Gottestaten *gegeben* hat, dann muß dieser Glaube doch auch der historischen Frage und also der Kontrolle der Historiker standhalten. Dann kann der Glaube doch nicht einfach sagen: „Es steht geschrieben" und die Augen zumachen. Denn es kann doch nicht zwei verschiedene Wahrheiten geben: eine, die der *Glaube* glaubt, und eine womöglich entgegengesetzte, die als Ergebnis der *Wissenschaft* herausspringt. Sonst käme es zu jener Schizophrenie, die Lessing einmal beschreibt, wenn er den Schmerzensruf ausstößt, daß er mit dem Herzen ein Christ und mit dem Kopf ein Heide sei. Wenn Christus nicht auch der Herr unseres Kopfes, unseres *historischen* Kopfes ist, wird er auch nicht mehr der Herr unseres *Lebens* sein. Ein Heiland, der nur mit Gemütswerten zu tun hat und gegenüber den intellektuellen Zonen exterritorial ist, kann kaum den Rang beanspruchen, unser Erlöser zu heißen. Ein Glaube, der intellektuelle Zweifel ignoriert oder verdrängt, statt sich ihnen zu stellen und sie entschlossen zu durchschreiten, wäre überhaupt kein Glaube; er wäre wahrscheinlich nicht einmal Kleinglaube.

Es ist also durchaus kein Zeichen von Frömmigkeit, wenn ich stur am Bibelbuchstaben hafte und wenn ich mir jede kritische Frage, ob das Berichtete denn auch wahr sei, als Zeichen des Unglaubens vom Leibe halte. Wer so denkt, traut dem lebendigen Herrn wenig Größe zu. Und ganz gewiß würde der Herr manchem dieser Frommen nicht sagen: „Ei, du frommer und getreuer Knecht, gehe ein zu deines Herrn Freude!", sondern viel eher: „O, ihr Kleingläubigen, warum seid ihr so furchtsam? Warum sucht ihr mich Lebendigen bei den Toten (auch bei den toten Buchstaben)? Meint ihr, jedes Lüftlein von Kritik könnte mich umwehen, mich, dem doch Wind und Wellen gehorsam sein müssen?" Wer Jesus Christus zum ganzen und ungeteilten Herrn erwählt, darf sich auch selber nicht teilen, vor allem nicht teilen in ein vertrauendes Herz, das er zur Verfügung stellt, und in einen kritischen Kopf, den er für sich behält, oder – was noch schlimmer ist – den er einfach kaltstellt.

Dann aber, das ist doch nun die Folge, müssen wir fragen, wie der Glaube sich mit der Verläßlichkeit der biblischen Jesusberichte *auseinandersetzt*. Das ist natürlich ein weites Feld, und ich kann wie bisher auch nur einige Schwerpunktfragen herausgreifen.

Die *erste* Frage, vor die sich der Glaube gestellt sieht (die übrigens auch der wache Amateur ohne besondere historische Schulung bemerkt), rührt davon her, daß schon die Evangelisten in ihren Berichten selbst vieles bringen, was nicht genau zueinander stimmt und sich manchmal sogar widerspricht. Das kann im einzelnen sehr verschiedene Gründe haben, die darzustellen hier zu weit führen würde. Nur einen von ihnen, den ich allerdings auch für den wesentlichsten halte, will ich nennen: Alle vier Evangelien berichten nicht einfach, sondern sie interpretieren, sie deuten das Berichtete zugleich unter ganz bestimmten und in sich wieder verschiedenen Gesichtspunkten:

Der *Markusbericht* zum Beispiel, so hat es Martin Dibelius einmal ausgedrückt, ist das Buch der „geheimen Epiphanien" Jesu. Damit meint er dies: Der Gottessohn lebt in tiefer Verhüllung und unerkannt unter seinen Menschenbrüdern. Aber schrittweise lüftet er dieses sein Inkognito (vor allem die Elenden und Gebundenen, denen er hilft, erkennen ihn), bis er es schließlich zu Ostern völlig fallen läßt und in seiner Glorie erscheint.

Das *Matthäusevangelium* dagegen gliederte das Drama um Jesus von Nazareth in das Gesamtpanorama des Heilsgeschehens ein, versteht es als Erfüllung alter Weissagungen und läßt es auch seinerseits wieder Weissagung des Zukünftigen sein. So stilisiert es seinen Bericht eben auf *dieses* Thema hin.

Die Schriften des *Lukas* endlich sehen in der Christusgeschichte die Aufgipfelung einer Linie, die im Alten Bunde beginnt und sich dann über die Geschichte der Kirche bis zum Jüngsten Tage fortsetzt.

Das sind nur ein paar kümmerliche Andeutungen, in denen sichtbar wird, wie die Stoffe jeweils perspektivisch verschieden gesehen und unter anderen thematischen Gesichtspunkten zusammengeordnet und redigiert werden.

Ich möchte gerne ein *Beispiel* anführen, damit das noch deutlicher wird:

Wir kennen die Geschichte vom großen Abendmahl. (Sie ist dieser zweiten Rede vorangestellt.) Sehen wir uns nun die Darstellung dieses Gleichnisses an, wie Matthäus sie bringt, so erkennen wir zwar die Grundlinien deutlich wieder, wie Lukas sie gezeichnet hat. Zugleich aber sind ganz neue Züge hinzugefügt und andere Akzente gesetzt: Aus dem vornehmen Mann, den Lukas nennt, ist bei Matthäus ein König geworden, der seinem Sohn ein Hochzeitsmahl bereitet. Als die ausgesandten Knechte (es ist hier nicht mehr bloß einer) nun umgebracht werden von denen, die eingeladen waren, sendet der erzürnte König seine Heere gegen die Stadt derer, die so undankbar und so brutal auf seine Einladung reagiert haben, und läßt sie einäschern.

So sind in den ursprünglichen Gleichnisrahmen weitere Züge eingefügt: Der König ist ein feststehendes Bild für Gott, der Königssohn ist ein Chiffre für den Messias, die Hochzeit bedeutet die messianische Zeit der Freude und der Erfüllung. Das Schicksal der Königsboten ist ein Gleichnis für das Blutopfer der christlichen Zeugen, und die verbrannte Stadt bildet die Katastrophe Jerusalems im Jahre 70 ab.

So hat Matthäus in diesem Gleichnis des Herrn die Geschichte Jesu, den Weg der ersten Gemeinde und zugleich das jüdische Schicksal wiedererkannt. Und indem er es wiedererkannte (oder das Gleichnisbild und das Bild seiner geschichtlichen Erfahrung zusammenkopierte), hat er die entsprechenden Linien des Gleichnisses verstärkt und andere wieder zu punktierten Strichen werden lassen.

Wenn ich nun sage: Matthäus hat das ursprüngliche Gleichnis stilisiert, er hat es nicht einfach wortgetreu wiedergegeben, sondern hat es zugleich kommentiert und unter einen bestimmten thematischen Gesichtspunkt gerückt –, wenn ich das also sage, bringe ich dann etwa zum Ausdruck, er habe es folglich verfälscht, übermalt und willkürlich zurechtgebogen? Möchte ich damit sagen: Das ist es ja gerade, warum die Evangelien unsern heutigen Ansprüchen exakter Historie nicht genügen? Denn wäre Matthäus im heutigen Sinne ein korrekter Berichterstatter oder gar Philologe gewesen, so hätte er wörtlich und ohne eigene Zutaten „zitieren" müssen. Er hätte wie ein Photograph und nicht wie ein deutender Maler, der sich mit dem Gegenstand seines Porträts auseinandersetzt, das Geschehene und gesprochene objektiv registrieren müssen. Und eben das hat er *nicht* getan.

In der Tat besteht kein Zweifel, *daß* er es nicht getan hat, daß er nicht nur exakt bezeugt, sondern sich als Zeuge sozusagen selbst in das Bild einmengt. Aber wie kommt das? Ist das nur primitiv, während wir heute zu den verfeinerten Methoden objektiver Berichterstattung durchgefunden haben? Oder hat es vielleicht ganz andere und tiefere Gründe, die uns diesen modernen Hochmut schlagartig rauben können, wenn wir sie erst einmal eingesehen haben? *Das* ist hier die Frage.

Damit bin ich schon bei dem zweiten der angekündigten Probleme. Das erste ergab sich durch die Feststellung, daß die einzelnen Evangelien perspektivisch verschieden sind, daß sie jeweils andere thematische Schwerpunkte haben. Die zweite Frage ist nun, was das für die geschichtliche Verläßlichkeit der Evangelisten bedeutet. Scheint nicht alles dafür zu sprechen, daß hier *subjektive Elemente* hineingemischt werden, so daß es bei dieser Technik der Berichterstattung unmöglich wird, je dahinterzukommen, wie es (im Sinne Rankes) nun wirklich und an sich gewesen ist? Und sind deshalb nicht auch alle Versuche, die Gestalt des „historischen Jesus" zu rekonstruieren, gescheitert? Albert Schweitzer hat diese Geschichte des Scheiterns in einem berühmten Werk über die Leben-Jesu-Forschung dargestellt.

In der Tat könnte es ja vom Standpunkt moderner Geschichtsschreibung aus so aussehen, als ob die Evangelisten ihre eigene Subjektivität und bestimmte tendenziöse Absichten in ihre Darstellung Jesu hineingemogelt hätten. Denn ganz sicher haben sie sich nicht die Aufgabe gesetzt, wie Archivbeamte in unbeteiligter Objektivität Akten über gewisse Vorfälle zusammenzustellen.

Aber *warum* haben die Evangelisten das nicht getan? Warum kommt es hier zum Zusammenstoß mit unsern heutigen Begriffen von Historizität?

Vielleicht haben wir modernen Menschen hier einen blinden Fleck im Auge, so daß wir den eigentlich sehr einfachen und elementaren Grund für dieses Verfahren der ersten Zeugen nicht bemerken. Dieser Grund liegt nämlich darin, daß Jesus von Nazareth für die urchristliche Gemeinde in erster Linie nicht eine Gestalt der Vergangenheit, sondern daß er der erhöhte und lebendige Herr war, dessen Gegenwart sie von allen Seiten umgab. Seine Worte „Dir sind deine Sünden vergeben" stehen nicht in dem Protokoll über ein Einst, sondern sie vollziehen sich jetzt für den, der ihn im Glauben anruft. *Jetzt* werden die Ketten gesprengt; man kann es am eigenen Leibe erfahren und kann das Rasseln hören. Und wo zwei oder drei in seinem Namen versammelt sind, da ist er mitten unter ihnen. Er „war" es nicht nur, sondern er „ist" es, und er „wird" es auch noch sein als der Herr des Jüngsten Tages.

Das Entscheidende, was hier eingesehen werden muß, ist also dies: *Die urchristlichen Zeugen können gar nicht anders, als die Geschichte des irdischen Jesus im Lichte seiner Auferstehung zu sehen, sie gleichsam von rückwärts zu lesen.* Es ist zwar nur eine bedingte Parallele, dient aber vielleicht doch zum Verständnis, wenn ich darauf hinweise, daß wir es bei der Darstellung einer geschichtlichen Gestalt nicht unähnlich machen: Wenn wir Goethe oder Napoleon oder selbst eine so abgründige Gestalt wie Hitler historisch untersuchen, gehen wir ja deutend aus von den späteren Lebensstadien, in denen sich diese Gestalten aufs äußerste entfaltet und in Taten und Worten am offenkundigsten ausgesprochen haben. Das sind dann sozusagen die Sternstunden oder auch (wie bei Hitler) die Sonnenfinsternisse in diesen Lebensläufen, und gerade *sie* bilden doch den Schlüssel, mit dem man das Geheimnis dieser Gestalten aufschließt und dann bis in die unscheinbaren Anfänge ihres Werdens hinein zurückverfolgt. Wir fragen dann: Welche Bedingungen waren in seinem Erbstrom, in seiner Erziehung, in seiner ganzen Biographie enthalten, so daß er dies und das werden konnte? Wo waren die Keime für jene Entfaltung, die wir in den äußersten Reifegraden vor uns haben?

So sehen auch die Evangelisten den Herrn vom Augenblick seiner äußersten Entfaltung, von der Gegenwart des Erhöhten her.

Aber damit zerbricht freilich schon unser kümmerlicher Vergleich. Denn die Gegenwart des Erhöhten ist etwas völlig anderes als das, was wir bei Goethe oder Napoleon als die äußerste Entfaltung, als die „Sternstunde ihrer Lebensbahn" bezeichnen: Wenn Jesus Christus als der Auferstandene *lebt*, wenn er unser einziger Trost im Leben und im Sterben ist, wenn ihm alle Gewalt im Himmel und auf Erden gegeben ist und wenn die Geschichte mit ihren Liebesromanen und Tragödien, mit den Geschicken der einzelnen und ihren nuklearen Feuern vor seinem Throne enden muß, dann sehe ich unter diesem Aspekt das historische Leben Jesu völlig *neu*, sehe es gleichsam mit neuen Augen an, ja noch mehr: ich gewinne von da aus eine völlig neue Weltorientierung für mich selbst. Meine alten Maßstäbe stimmen nicht mehr.

Wie sollte ich dann aber das Leben des irdischen Jesus überhaupt noch mit archivarischem Interesse und als distanzierter Zuschauer betrachten können? Er ist ja gar nicht einfach der Gewesene, sondern er ist auch der, mit dem ich es *jetzt* zu tun habe, dessen Pochen an meine Lebenstür gewaltig auf mich eindringt. Er ist auch der, der nicht von mir scheiden wird, „wenn ich einmal soll scheiden". Und selbst in der Ewigkeit wird er noch mein Schicksal sein, wenn er mich durch alle Gerichte hindurchreißt. Das gibt der Welt, wie wir im Weihnachtsliede singen, in der Tat „einen neuen Schein".

Darum sehen die alten Zeugen und wir mit ihnen schon über seiner Geburt den offenen Himmel und hören den Lobpreis der himmlischen Heerscharen. Wir stehen vor dem Wunder der Christnacht. Denn von seiner Erhöhung her wird deutlich: dieser Eine und Einzige ist nicht aus dem Erbstrom von Fleisch und Blut zu erklären, sondern sein Ursprung und seine Bestimmung lassen ihn uns von Anbeginn her geheimnisvoll nahe und zugleich majestätisch entrückt sein. Die Evangelisten, denen es bei der Übermacht seiner Gegenwart schier die Sprache verschlägt, sehen schon im Leben des irdischen Jesus plötzlich anderes und – weiß Gott! – auch „mehr", als ein bloßer Buchhalter der Geschichte es bei noch so großer Akribie je zu sehen vermöchte. Sie sehen ja ein gelüftetes Inkognito, sie sehen eine hervorbrechende Herrlichkeit.

Wenn die Urchristenheit also den Erniedrigten mit dem Erhöhten identifiziert*, wenn sie den Zimmermannssohn aus Nazareth und den Verklärten in eins sieht, dann bekundet sie damit zweierlei:

Einmal, daß sie ganz außerstande ist, auch außerstande sein muß, bei der Darstellung der Geschichte Jesu von ihrem Glauben abzusehen. Wie könnte sie denn auch das Entscheidende verdrängen und beiseite schieben, was ihr an ihm aufgegangen ist? Wie könnte sie noch naiv das vordergründige Inkognito Jesu beschreiben, wenn sie doch das Geheimnis seiner Glorie und wenn sie also das begriffen hat, was die Ikonen mit dem goldenen Hintergrund und der Aura andeuten wollen?

Aber die Urgemeinde bringt damit, daß sie den erhöhten Christus und den irdischen Jesus in eins sieht, noch ein *Zweites* zum Ausdruck: daß sie nämlich unter keinen Umständen bereit ist, einen Mythos an die Stelle des Nazareners treten zu lassen. Zu mythischer Höhe pflegt man ja nur Gestalten zu erheben, deren Konturen in grauer Vorzeit verschwimmen, aber nicht eine Gestalt, deren „Straße und Hausnummer" man kennt, weil man ihr noch gestern begegnete.

Das ist die eigentümliche *Zweifrontenstellung,* der sich die urchristliche Darstellung der Geschichte Jesu überantwortet sieht und die man verstanden haben muß: daß sie nicht mit statistisch-historischem Interesse die Biographie eines beliebigen Einwohners aus Nazareth aufzeichnet,

---

* So Ernst Käsemann

sondern daß sie diese Gestalt im Lichte des dritten Tages sieht, jenes Tages also, der ihr Inkognito gelüftet hat; und daß sie gleichzeitig keinen Mythos aus Jesus von Nazareth macht, sondern eisern daran festhält, daß das ewige Wort Fleisch geworden ist und „an Gebärden als ein Mensch erfunden" wurde.

Wenn Jesus Christus aber der ist, dessen Hoheit und dessen Knechtsgestalt dem Glauben aufgegangen ist, wie soll man ihn dann *anders* bezeugen und beschreiben als so, wie die Evangelisten es eben getan haben? Wie könnte man dann da neutral und distanziert bleiben? Wird hier nicht die Objektivität eines bloß historischen Interesses einfach zerschlagen? Jemand, der im Polstersitz eines Kinos die Aufnahmen eines Erdbebens sieht, wird das natürlich anders in seinem Bewußtsein realisieren als jemand, dem *selber* der Boden unter den Füßen wankt und dem die bergenden Wände seines Hauses plötzlich zur Bedrohung werden und auf ihn einstürzen. Hier aber, im Anblick des erniedrigten und erhöhten Christus, knistert es ja tatsächlich im Gebälk der alten Welt, da öffnet sich der Himmel, zerreißt der Vorhang im Tempel, erbebt die Erde, zerspringen die Felsen, und die Gräber tun sich auf. (Das letzte war übrigens ein Zitat. Wir kennen es alle aus der Matthäus-Passion und hören dabei die Fassungslosigkeit des Schreckens, die Zertrümmerung aller Objektivität, die Johann Sebastian Bach uns hier mit Tönen mitzuteilen weiß.)

Hat man das begriffen, hat man also verstanden, um *welches* Thema es hier geht, *was* man hier gesehen hat und wie unsere normalen Aufnahmeantennen sich gleichsam darunter verbiegen, dann wird einem noch manches andere klar, was sonst unverständlich bleiben muß:

Weil die Gemeinde im irdischen Jesus zugleich den Auferstandenen sieht, nehmen seine einst gesprochenen Worte, wie schon gesagt, die Züge der Gegenwart an. Wenn aber das historische Einst und der gegenwärtige Augenblick so identisch werden, dann löst sich plötzlich etwas auf, was wir vorher als Widerspruch in der Darstellung der Evangelien empfinden mochten: Nämlich einmal die „unbestreitbare Treue und Bindung an Jesu Wort"*, die mit solcher Akribie gesucht wird, wie Lukas es in dem vorangestellten Text ja sagt. Und ferner das erstaunliche Maß von Freiheit gegenüber dem „historischen" Wortlaut: Jesu Wort wird zwar treulich bewahrt und weitergereicht und dennoch nicht mit buchhalterischer Pedanterie gehütet. Ja, man darf geradezu formulieren: Die Überlieferung gibt nicht eigentlich sein einst gesprochenes Wort wieder und weiter, sondern sie ist sein Wort *heute* – sie *ist* sein Wort heute.

Endlich wird noch ein Letztes klar:

Wenn so der Berichterstatter als Ergriffener immer dabei ist, wenn er nicht neutraler Zuschauer im Parkett ist, sondern sozusagen mit auf der Bühne steht, wenn er in das Drama mit verwickelt ist und gar nicht anders kann, als seine eigene Geschichte mit Jesus *mit* auszusagen, dann wird man diese „subjektiven" Seiten seines Berichtes schwerlich als Dichtung oder gar als Phantasieprodukt abtun können. Mag auch manches, was uns von Worten Jesu überliefert ist, nicht im strengen Sinne auf den historischen Jesus selber zurückgehen, mag es also im archivarischen Sinne „unecht" sein und als Gemeindebildung bezeichnet werden – so hat man es sich ja doch nicht aus den Fingern

---

* So Günther Bornkamm

gesaugt und willkürlich hinzugefügt, sondern es ist dann die *Antwort* der Gemeinde auf das, was Jesus ihr gesagt hat und ihr bedeutet. Wie im Gottesdienst „respondiert" die Gemeinde hier, einfach weil sie gar nicht davon absehen kann, daß sie ja in all das verwickelt ist, was von Jesus Christus ausgeht, und weil in diesem Drama niemand bloßer Zuschauer, Kritiker und Berichterstatter sein kann, sondern sofort selbst hineingezogen wird und mitspielen muß. Niemand kann den Dialog Jesu mit dem reichen Jüngling oder mit dem kanaanäischen Weib oder dem Zöllner Zachäus einfach referieren wie ein Reporter, der etwas belauscht hat, oder gar wie ein Tonband, das nur registriert. Sondern ich bin, *indem* ich jene Dialoge Jesu höre, sofort ein Engagierter und damit in eine Zone versetzt, wo die Dinge für mich verbindlich werden. Das Wort an den reichen Jüngling: „Verkaufe alles, was du hast", gilt auch *mir*. Das Schweigen Jesu gegenüber der Not des kanaanäischen Weibes ist das gleiche Schweigen, unter dem auch ich leide und das meinen Glauben auf die Probe stellt. Niemand kann Christus anders bekennen als so, daß er gleichzeitig bekennt, wer und was dieser Christus für ihn selber ist und daß er also auch von sich selber redet.

Das ist die tiefe sachliche Begründung dafür, daß die Evangelisten gar nicht im simplen Sinne „historisch" berichten *können*, sondern daß sie Bekenntnisse bringen müssen, daß sie verkündigen und predigen, daß sie als Engagierte sprechen.

Wenn sie das tun, haben sie also die ursprünglichen Stoffe nicht verändert, manipuliert und womöglich verfälscht, sondern sie haben auf diejenige Weise der Aussage zurückgegriffen, die solchen Stoffen allein gemäß ist: auf die Stilform des *Bekenntnisses*, auf die Aussage von Überwältigten, auf die Überraschungsrufe solcher, die Jesus Christus auf ihrer Flucht in die Fremde eingeholt, denen er den Weg abgeschnitten und die er heimgeführt hat in einen Frieden, von dem sie vorher keine Ahnung hatten.

Welcher Trost ist es, daß es Einbrüche und Ereignisse von einer Größe gibt, die jede Möglichkeit objektiver Aussage über den Haufen rennt, die man nur als Betroffener, die man nur in der Fassungslosigkeit des Freigesprochenen aussagen kann. Und wie großartig, daß es Dinge gibt, die uns keine intellektuelle Neugierde erschließt, die den „Weisen" und „Klugen" verborgen bleiben und die nur zu haben sind für den, der sich engagiert, der sich darauf einläßt und der – nachfolgt.

Wer hier ruft, das erfahre ich nur, wenn ich dem Ruf folge, wenn ich meine Lenden umgürte und den neuen Weg betrete. Wer Jesus Christus ist, das erfahre ich nur als Jünger. Dann aber kann ich auch nur wie ein Jünger *reden*. Dann kann ich nicht anders, als seinen Advent zu bezeugen, weil es ja „mein" Herr ist, dem ich entgegengehe und für den ich die Tür hoch und die Tore weit mache.

Verwunderung über einen Wunderbericht

LESUNG

Jesus trieb die Jünger, das Boot zu besteigen und ihm schon voraus an das andere Ufer zu fahren. Währenddem wollte er selbst die vielen Leute entlassen, die sich um ihn gesammelt hatten. Als das geschehen war, stieg er auf einen Berg, ganz allein, um dort zu beten. Als nun der Abend sich senkte, war er immer noch allein dort. Das Boot hatte sich indessen schon viele Stadien vom Ufer entfernt. Es wurde von den Wellen bedrängt, und der Sturm blies ihm entgegen. In der vierten Nachtwache aber kam er zu ihnen; über den See hinweg kam er. Als die Jünger ihn so auf dem See wandeln sahen, waren sie erschüttert und bestürzt. Sie riefen: „Das ist ein Gespenst, das ist ein Wahngebilde!" und schrien vor Angst. Sogleich aber sprach Jesus zu ihnen und sagte: „Kopf hoch, ich bin es doch – seid doch nicht gleich so bange!" Da erwiderte ihm Petrus: „Ja, Herr, wenn du's bist, dann befiehl mir, daß ich zu dir komme – über das Wasser!" Er aber sagte: „Gut, komm!" Und tatsächlich: Petrus kletterte aus dem Boot, wandelte über das Wasser und kam bis an Jesus heran. Da sah er plötzlich die Gewalt des Sturmes, Angst fiel ihn an, er begann zu sinken und rief laut: „Herr, Hilfe!" Sofort reckte Jesus seine Hand aus, ergriff ihn und sagte: „Du Glaubenskümmerling, warum ließest du den Zweifel so Herr über dich werden?" Als sie dann in das Boot gestiegen waren, legte sich der Wind. Die Leute im Boot aber fielen vor ihm nieder und brachen in die Worte aus: „Wahrhaftig, du bist Gottes Sohn."

Matthäus 14,22–33

TEXT

Als Jesus eine Menge von Menschen um sich versammelt sah, gab er Befehl, an das andere Ufer zu fahren. Da trat ein Schriftgelehrter auf ihn zu. „Meister", sagte er ihm, „ich möchte dir folgen, wo immer du hingehst." Doch Jesus erwiderte: „Die Füchse haben Gruben, und die Vögel des Himmels haben ihre Nester. Der Menschensohn aber hat keinen Ort, wo er sein Haupt niederlegt."

Danach sagte einer aus dem Jüngerkreis zu ihm: „Zuerst gewähre mir bitte Urlaub, damit ich meinen Vater unter die Erde bringen kann!" Doch Jesus gab ihm zurück: „Folge mir – und laß die Toten ihre Toten begraben!"

Nun bestieg er das Boot und seine Jünger hinterdrein: Sie folgten ihm. Und jetzt – jetzt brach auf dem See ein Unwetter, ja ein wahres Weltbeben los, so daß die Brecher nur so über das Deck fegten. Er aber schlummerte. Da rannten sie zu ihm, rissen ihn aus dem Schlaf und riefen: „Herr, rette uns, wir gehen unter!" Er aber sagte: „Warum seid ihr so feige, warum ist euer Glaube so kümmerlich?" Dann erhob er sich und gebot drohend den Winden und der See. Da brach eine große Stille aus. Die Menschen aber waren erschüttert und nachdenklich geworden.

„Was soll man nur von diesem da halten?" fragten sie sich. „Was soll man von jemandem halten, dem Sturm und See gefügig sind?"

Matthäus 8,18–27

Im vorigen Kapitel haben wir uns mit der Frage beschäftigt: „Wie verläßlich sind die biblischen Jesusberichte?" Dabei stellten wir fest: Man kommt hier mit den üblichen Maßstäben, die man an die Objektivität einer Berichterstattung legt, schlechterdings nicht durch. Denn die Zeugen, die hier berichten, stehen ihrem Gegenstand ja nicht in historischer Distanz gegenüber, sondern sie sind in ihn „verwickelt" und aufs tiefste betroffen. Sie berichten nicht über ein Gewesenes, über ein Einst, sondern sie sprechen von einem Herrn, dessen Gegenwart sie umgibt. In Erlebnissen, die ihre Ausdruckskraft förmlich übersteigen, ist ihnen die Gewißheit zuteil geworden, daß dieses *eine* Leben nicht wie das von uns andern Menschen im Tode geendet hat, daß nicht nur wehmütiges Erinnern an ein groß gelebtes Leben bleibt, sondern daß er noch mitten unter ihnen ist, daß ihr Herz brennt und daß er bei ihnen bleibt alle Tage bis an der Welt Ende.

Diese nachträgliche Erfahrung kann man selbstverständlich nicht einfach unterdrücken und ignorieren, wenn man rückblickend von den Dingen erzählt, die während seines Erdenlebens passiert sind. Wenn die Evangelisten darstellen, was Christus getan, was er an Worten gesprochen und wie er sich in kritischen Situationen verhalten hat, dann tun sie das wirklich und wörtlich „im

Rückblick", dann tun sie das als solche, denen es inzwischen wie Schuppen von den Augen gefallen ist und die jetzt unvergleichlich *mehr* von ihm wissen als damals, wo sie „dabei" waren und konsterniert und ziemlich verständnislos seine Worte und Taten zur Kenntnis nahmen.

Indem sie jetzt aus der Erinnerung oder nach Zeugenberichten all das noch einmal an sich vorüberziehen lassen, stellt sich sozusagen ein „Aha"-Erlebnis ein: Aha – *das* war es also, was er meinte, wenn er sagte: „Des Menschen Sohn ist gekommen, selig zu machen, was verloren ist." Damals haben wir das nicht begriffen, aber nun wissen wir, daß er wirklich die Wende unseres Lebens bringt und uns unserer Verlorenheit entreißt. Aha – *das* war es also, was er meinte, wenn er die Blinden sehend machte und die Ketten der Gebundenen zerbrach. Er wollte uns nicht wie ein Magier durch alle möglichen Mirakel schockieren, so daß er mit uns machen konnte, was er wollte (o wir Narren, daß wir damals so etwas meinen konnten!), sondern er gab sich darin kund als der, dem auch die Schöpfung anvertraut ist und der das Verfahrene und Entgleiste in ihr wieder in Ordnung bringt, der auch das Seufzen der Kreatur zu stillen vermag.

So können sie das Vergangene und einst Geschehene gar nicht mehr berichten, ohne es ständig durch den Erfahrungsschatz zu kommentieren, über den sie *jetzt* verfügen, wo sie eben ihrem lebendigen Herrn begegnet sind. Wie auf den Ikonen der Ostkirche können sie diese Gestalt jetzt nur noch so porträtieren, daß der Goldgrund zum Leuchten kommt, der ihnen inzwischen aufgegangen ist.

Deshalb also verhalten sie sich nicht wie die Angestellten eines Archivs, die mit historischen Dokumenten hantieren, sondern sie sind Zeugen eines schicksalhaften Geschehens, das ihr Leben aus den Angeln gehoben hat.

Darum ist das Bezeugte niemals ablösbar von ihnen selbst und von dem Reim, den sie sich darauf machen. Der Zeuge redet immer auch von sich selbst und von dem, was ihm begegnet ist. Er redet sehr persönlich, und man sollte das nicht durch den Begriff „subjektiv" verballhornen.

Hier möchte ich das alles an einer *Wundergeschichte* verdeutlichen, und zwar an dem Bericht über die Sturmstillung.

Vergleicht man einmal, wie die drei Synoptiker dieses Ereignis berichten, dann sehen wir, daß die Grundlinien des Geschehens, von Nuancen abgesehen, bei allen gleich sind. Auch die Pointe der Geschichte wird jeweils in einer ähnlichen Richtung gesucht: Der, dessen Niedrigkeit so erschütternd ist, daß er unbehauster, heimatloser ist als die Füchse und die Vögel, läßt doch seinen majestätischen Rang hie und da aus allen Verhüllungen hervorblitzen – wie bei einem verkleideten König, unter dessen Bettlergewand der Purpur schimmert. Hier leuchtet etwas von dem, den aller Weltkreis nicht beschloß und dessen Wort darum auch über die Elemente des Weltkreises gebietet.

Und doch weicht gerade Matthäus von einer sozusagen photographisch getreuen Darstellung ab; er läßt seine *eigene* Begegnung und seine *eigene* Auseinandersetzung mit diesem Geschehen deutlich werden und in den Bericht selber einstrahlen. Gerade auf dieses Eigene, auf dieses Überschießende, das eben *mehr* bringt als ein bloß objektives Referat, wollten wir ja achten.

Daß Matthäus hier nicht bloß „objektiv" ist, sondern daß er – indem er berichtet – zugleich etwas „bezeugt" und im Bezeugen dann deutet, das ist nicht ein Zeichen von Unfähigkeit, kein Zeichen dafür also, daß er nicht imstande wäre, klipp und klar eine Ereignisfolge zu reprodu zieren, sondern das liegt an der *Sache,* um die es hier geht. Man kann über den, der Sturm und Wellen gebietet, nicht so berichten, wie man einen meteorologischen Report über Windstärke und Seegang erstattet. Wenn man vom *Herrn* der Elemente spricht, begibt man sich in eine andere Dimension, als wenn nur von den *Elementen* die Rede ist.

Worin besteht denn nun diese spezielle Handschrift des Matthäus? Worin liegt das, was er an eigenem Zeugnis in diesen Bericht hat eingehen lassen? Ich will diese seine besonderen Konturen einmal in einigen wenigen Strichen charakterisieren:

Zunächst hat Matthäus die Geschichte von der Sturmstillung in einen anderen *Zusammenhang* hineinkomponiert als die beiden andern Evangelisten. Damit man sieht, was das bedeutet, muß ich eine etwas schulmeisterliche Bemerkung machen. Alle Fachleute, die sich wissenschaftlich mit den neutestamentlichen Texten befassen, sind in einem Punkt einer Meinung: daß nämlich die ursprünglichste Schicht der Überlieferung immer bei den einzelnen Worten und Taten Jesu zu suchen ist, während der Rahmen, der kompositorische Zusammenhang, in den man diese Worte und Taten eingefügt hat, erst später hinzugekommen ist und auf die Redakteure zurückgeht. Darum kann man gerade an dem Zusammenhang, in den man ein Wort Jesu hineinkomponiert hat, besonders deutlich erkennen, was sich der Berichterstatter dabei gedacht und welchen Reim er sich auf dieses Wort gemacht hat.

Tatsächlich hat Matthäus nun diese Geschichte von der Sturmstillung in einen andern Rahmen eingebaut und durch ganz neue Zusammenhänge beleuchtet: Während sie bei den beiden andern Evangelisten auf die Perlenschnur sonstiger Wundertaten Jesu aufgezogen ist, hat Matthäus seine Erzählung in den thematischen Rahmen der *Nachfolge* eingefügt und hat sie dann im Lichte dieses besonderen Themas beim Erzählen zugleich interpretiert.

Unser Textabschnitt wird ja mit zwei anekdotischen Rahmenberichten eingeleitet, in denen jeweils ein Schlaglicht auf diese Frage fällt: auf die Frage nämlich, was es heiße, diesem Jesus von Nazareth sein Leben anzuvertrauen und ihm nachzufolgen.

Der Schriftgelehrte, von dem da erzählt wird, ist offenbar auf irgendeine uns nicht genauer erkennbare Weise von Jesus fasziniert und bietet ihm seine Gefolgschaft an: „Ich will dir folgen, wo immer du hingehst." Doch er erhält eine Abfuhr, die man etwa so umschreiben könnte: „Du suchst vielleicht eine menschliche, allzumenschliche Geborgenheit bei mir. Bist du dir klar, daß du bei mir aus deiner bürgerlichen Sekurität gerade herausgerissen und in das Unbehauste verstoßen werden könntest, daß du durch deinen Kontakt mit mir in Unannehmlichkeiten kommen könntest mit deiner Behörde, mit dem Regime, mit der öffentlichen Meinung, ja, daß deine eigene Familie und deine Freunde befremdet sein könnten und daß es zu allerhand Krisen in deinem Leben käme – wo es *dir* doch darum geht, daß du einen christlich soliden Status bekommst? Die Füchse haben Gruben – ich nicht. Die Vögel haben Nester – auch diese Art Nestwärme kann ich dir nicht bieten. Du wirst von mir in Abenteuer des Glaubens entboten werden, von denen du keine Ahnung hast. Darum ist Vorsicht am Platze. Überlege es dir lieber noch einmal."

Der andere, ein Jünger, möchte sich ebenfalls an ihn anschließen. Doch er will vorher seinen Vater begraben; ein sehr verständliches und ein sehr menschliches Motiv für eine kleine Abschweifung ins Private. Die Zurechtweisung, die er daraufhin erhält, ist ebenfalls ziemlich brüsk und paßt sehr wenig zu dem Thorwaldsen-Image, das sich von diesem Nazarener in unserer Phantasie gebildet haben mag: „Laßt die Toten ihre Toten begraben", antwortet er. „*Ich* habe dich zum Theme des *Lebens* gerufen. Sentimentalität gegenüber dem vergehenden Äon kann ich nicht bei meinen Leuten gebrauchen. Du mußt deine Wurzeln schon aus allem ausgraben, was für dich Mutterboden war und woraus du bisher deine Kraft sogst. Folge mir sofort, entschlossen und ganz nach – oder laß es überhaupt."

Dann trat er in das Schiff, „und seine Jünger folgten ihm". Sie „folgten" ihm also in das Abenteuer, das nun berichtet wird. Damit ist zugleich das entscheidende Stichwort gefallen: es geht jetzt um das Thema der Nachfolge. Der Zusammenhang, in den diese Geschichte hineinkomponiert ist, läßt so etwas wie einen Fluchtpunkt der Perspektive entstehen: Unser Blick wird in Richtung auf dieses eine Thema gerissen, auf die Frage also, was es heißt, sich inmitten der Ungeborgenheit der entfesselten Elemente, in der Unbehaustheit auf dem Wasser und im Abgeschnittensein von allem, was unser Leben sonst trägt und begründet, sich diesem Herrn anzuvertrauen und eine Art von Geborgenheit bei ihm zu finden, von der man sich nichts träumen ließ.

Damit hat Matthäus das bezeichnet, was für ihn die Achse des nun folgenden Geschehens ist. Das auszusprechen, ist sozusagen sein Beitrag, oder besser: sein Bekenntnis. Es ist die Umschreibung dessen, wie er, Matthäus, auf diese Ereignisse auf dem See reagiert und wie er sie dem Verständnis seines Glaubens eingefügt hat. Indem er die Sturmstillung berichtet, gibt er gleichzeitig zu erkennen: *Ich* kann sie nur im Zusammenhang mit dem sehen, was ich sonst von diesem Jesus weiß und was mir vor allem nach seinem Tode an ihm aufgegangen ist. Und so ist sie für mich nichts anderes als *eine Auslegung und Illustration dessen, was es heißt, mit allem, was man ist und hat, und egal, in welcher Grenzsituation man ist, sich ihm anzuvertrauen.*

Das also ist die charakteristische Nuance, die Matthäus seinem Bericht gibt. Was er hier bekennend ausspricht, indem er eine Geschichte erzählt, läßt sich vielleicht so formulieren: Ich bin ein Jünger dieses Herrn geworden. Deshalb kann ich das, was ich mit ihm erlebt habe und was mir andere berichten, nur im Licht dessen sehen, was mir an seiner Gestalt *überhaupt* aufgegangen ist. Denn indem ich ihm nachfolgte und indem ich auch jetzt noch, wo sein irdisches Leben schon lange beendet ist, seine lebendige Nähe, seine Gegenwart erfahre, ist mir Entscheidendes aufgegangen: Er hat meine Sorgen verwandelt und sie zum Material eines ganz neuen, wunderbar befreienden Vertrauens gemacht. Er hat mir in Not und Verfolgung, auf dem Wasser und in der Einöde Geborgenheit geschenkt, hat mich der Vergebung alles Unbewältigten in meinem Leben gewiß werden lassen, läßt mich getrost dem Weltgericht entgegengehen, weil er mich auch da nicht verlassen wird. Und das, was ich so *bei* ihm und *durch* ihn erfuhr, das zeigt sich in der Rückschau auf sein Leben nun durch alles hindurch, was er gesprochen und getan hat; und selbst in den Kranz der Legenden ist das noch eingeflochten. Deshalb will ich euch, meinen Lesern, zeigen, wie die Pointe dieses Lebens sich auch in *dieser* Geschichte verrät und wie euch hier wie in einem Bilderbuch vor

Augen gemalt wird, was es heißt, durch diesen Herrn der Todeswelt entrissen zu sein und mitten im Toben der Elemente in seinem Frieden zu leben.

Unsere Aufgabe ist es also, jetzt einmal herauszubekommen, wie Matthäus dieses sein Thema der Nachfolge in die Sturmstillungsgeschichte hineingearbeitet und sie mit seinem Bekenntnis zu Jesus Christus verbunden hat – *so* sehr verbunden, daß diese Erzählung selber zu einem Bekenntnis wird. Hier können wir genau und bis in alle Verästelungen hinein erkennen, wie so ein Evangelist erzählt und wie er gleichzeitig das Erzählte verarbeitet, deutet, sich aneignet und unter der Hand zu einem Lobpreis dessen werden läßt, der sich auch in diesem Ereignis als Herr bewährt und den staunenden Gefährten seine Herrlichkeit enthüllt hat.

Was „Nachfolge" heißt, das wird schon in der Art deutlich, wie die Jünger nach ihm rufen, als die Brecher über Bord fegen und eine Schiffskatastrophe unvermeidlich erscheint. Von der Angst gepeinigt, daß nun das Ende da sei, und vielleicht auch vom Elend der Seekrankheit angefallen, schreien sie nach ihm: „Herr, hilf uns, wir verderben!"
Das ist die erste charakteristische Nuance, die den Bericht des Matthäus von dem der andern Evangelisten unterscheidet. Denn bei *Markus* heißt es – ähnlich wie bei Lukas – ganz „profan": „Meister (Chef!), ist es dir denn ganz egal, daß wir hier vor die Hunde gehen?" Das ist ein ganz unerbaulicher, sehr kreatürlicher Hilferuf, wie ihn hilflose Leute in einer vertrackten Situation an jemanden richten, der für sie Autorität ist und dem man zutraut, daß er Rat und Ausweg weiß. Bei Matthäus aber wird aus diesem Anruf ein *Gebet*. Sie sagen „Herr" zu ihm und

sprechen ihm so ein göttliches Hoheitsprädikat zu. Denn so wird bei Matthäus auch der kommende Weltenrichter angeredet. Mit diesem Wort rufen auch die Bedrängten nach ihm, die ihm Vollmacht zutrauen und davon wissen, daß er ihre Fesseln lösen und sie aus dunklen Bindungen befreien kann. Auch die Jünger sprechen ihn immer wieder so an, wenn ihnen seine heimliche Herrlichkeit aufgegangen ist. „Herr, hilf uns", das ist mehr als ein bloßer Hilferuf an Unbekannt oder als das Ratsuchen bei einer Autorität. Es ist zugleich das Bekenntnis: Du bist dem Zugriff der Elemente entrückt; du – „der Schöpfer aller Dinge", wie wir im Weihnachtsliede singen – kannst von den Dingen nicht überwältigt werden, und diese Wellen sind doch auch nur Dinge. Also hilf uns, wir haben Angst. Wir sehen, daß der Abgrund nach uns greift. So hat Matthäus in diese Anrede der Jünger, in die Gebetsform ihres Anrufs schon die Erfahrung hineingelegt, die er in seinem eigenen Leben als *Nachfolger* dieses Jesus gemacht hatte. *Er* war der Herr dieses seines Lebens geworden. Matthäus hatte gelernt, sich ihm anzuvertrauen, und er war beschämt und in seinem Glauben gestärkt aus allen Krisenerfahrungen hervorgegangen.

Das Bekenntnis des Matthäus – dieses Bekenntnis in Gestalt einer Erzählung! – drängt aber an einem andern Punkt noch markanter, noch demonstrativer hervor:

Matthäus hat nämlich innerhalb dieses Wunderberichtes, wie er in der Tradition vorgegeben war und wie er auch bei Markus und Lukas übernommen wurde, eine Umgruppierung des Geschehensablaufs vorgenommen. Diese Umstellung, die an den Fakten selbst nichts ändert, hat nur den Charakter einer Nuance, mehr nicht, und sie ist so sublim, so fast unmerklich, daß erst der scharfe und kritische Blick heutiger Forschung diese gleichsam mikroskopische Verschiebung bemerkt hat.

Denn nach der Überlieferung, die Matthäus vorfindet, ist es so, daß Christus auf den Hilferuf der Jünger hin den Sturm bedroht und den entfesselten Wogen gebietet: „Schweig und verstumme!" Und inmitten der Stille, die genau dort mächtig wird, wo eben noch das Entfesselte tobte und das Trommelfell bersten ließ, sagt er zu den überwältigten Gefährten: „Wie seid ihr so furchtsam? Warum habt ihr denn kein Vertrauen?"

Bei Matthäus nun wird diese traditionelle Abfolge von Tat und Wort des Herrn umgekehrt: *Ehe* er zu den Elementen spricht, redet er zu den Menschen. *Während* seine Gefährten noch tödlich bedroht sind, *während* die See noch kocht und der Orkan die Segel zerfetzt und *ehe* er also sein Machtwort spricht, redet er zu ihnen vom Glauben: „Ihr Kleingläubigen, warum seid ihr so feige?" – „Habt ihr denn vergessen, wer ich bin? Rechnet ihr nicht mit mir und berechnet statt dessen Windstärke und Höhe des Wellengangs? Wer auf die Elemente blickt statt auf mich, wird wirklich von den Elementen überwältigt."

In der Tat: Als Petrus in einer Anwandlung von tollkühnem Glauben über das Meer gehen wollte und in der umgekehrten Anwandlung von Furcht nun auf das Wasser statt auf seinen Herrn blickte, versank er. Darum muß es gerade *in* den kritischen Augenblicken selbst, muß es *in* der Bedrohung durch eine tödliche Krankheit, *im* Luftschutzkeller, *in* dem sich langsam zusammenziehenden Netz von Intrigen, die Menschen gegen uns spinnen, zur Klarheit darüber kommen, wem wir die Macht zutrauen, daß es über uns verfügen darf: dem Krebs, den Bomben, den Intriganten – *oder* dem Herrn über Leben und Tod, über die Seelen und über die Leiber, der seine höheren Gedanken über uns denkt und die menschlichen Gedanken lenkt wie Wasserbäche.

Wer dem Herrn statt dessen entgegenhält: Erst tu ein Wunder, dann will ich dir vertrauen; erst legitimiere dich, dann will ich meine Karte auf dich setzen – der wird weder das Wunder erleben noch den Lohn des Glaubens empfangen. Alle, die Gott erlebt haben, bezeugen in überwältigender Einmütigkeit: Wir glauben nicht deshalb, „weil...", „weil" es sich lohnt und „weil" wir handfeste Beweise für Gottes Eingriffe sehen, so daß wir keine Katze im Sack kaufen, wenn wir glauben. Sondern alle stimmen das Bekenntnis ihres Glaubens auf den Ton: „Dennoch bleibe ich stets an dir" – *obwohl* wir nur blindwütige Elemente sehen, *obwohl* die Macht der Finsternis das letzte Wort zu haben scheint und der Übermut der Menschen triumphiert. Darum können wir nur *inmitten* der Bedrohung bekennen und zu erkennen geben, wer oder was Gott für uns ist: ob wir ihm zutrauen, daß auch die Dunkelheiten nur ein Teil seiner höheren Gedanken sind, und daß es nur eines einzigen Wortes bedarf, um die Gespenster zu verscheuchen.

So bringt Matthäus hier durch seine charakteristische Umstellung das Thema des *Glaubens* zur Sprache. Und er macht das so, daß dieser Glaube nicht mit dem Schauen verwechselt werden kann, sondern daß er den Jüngern schon abgefordert wird, als sie nichts sehen als Schaum, Gischt und Finsternis, als sie nichts fühlen als den Druck der umwerfenden Böen und das Klatschen der Brecher und als sie nichts hören als das Heulen des Sturms *und* – das hören sie nun auch und inmitten dieses Hexenkessels! – das Wort des Herrn: „O ihr Kleingläubigen, o ihr Feigen!"

Dann erst, nachdem er so zu den *Menschen* gesprochen hat, redet er auch zu den *Elementen* und bedroht sie. „Da ward es sehr still." Das Wunder der Herrschaft über die Elemente *begründet* also nicht den Glauben, sondern es ist nur dessen gleichsam nachträgliche *Demonstration*. Es ist das Bilderbuch zu dem Text, den er vorher in Gestalt seiner Worte gesprochen hatte: jener Worte, durch die er den Kleinglauben seiner Gefährten gescholten und damit zugleich auf sich verwiesen hatte.

Es ist ganz ähnlich wie bei der Geschichte vom Gicht-brüchigen (Mark. 2, 1 ff.). Auch da kam es zuerst zu einem Gespräch über den Glauben. Denn Jesus sagte am Beginn zu dem Gichtbrüchigen: „Dir sind deine Sünden verge-ben." Was war das denn anders als ein Appell an den Glauben?! Er erwartete doch, daß man ihm die Vollmacht zutraute, ein solches Wort zu sprechen, und daß man ihm so einen Rang zumaß, der ihn über alle menschlichen Grenzen hinaushob. Und erst als dieser Text gesprochen *war*, als er dem Glauben zugemutet *hatte*, daß er Ketten lautlos zerbrochen habe, schlug er auch hier das Bilder-buch der Demonstration auf und sagte zu dem Gichtbrü-chigen: „Auf daß ihr wisset, daß des Menschen Sohn Macht habe, Sünden zu vergeben, sage ich dir: ‚Stehe auf, nimm dein Bett und gehe los!'"

Genauso könnte es auch in der Matthäus-Version der Sturmstillungsgeschichte weitergehen: „Auf daß ihr ‚seht', was ich euch vorher zu ‚glauben' aufgegeben habe (daß ich nämlich nicht aus der Tiefe komme und darum die Mächte der Tiefe auch mich und die Meinigen nicht ver-schlingen dürfen), sei nun den Elementen Ruhe geboten."

Hier kann man an einer außerordentlichen Präzision der Aussage erkennen, wie sich in einem Evangelium die deutende, die bekennende Form der Geschichtsschreibung vollzieht (und unter diesem Gesichtspunkt wollten wir ja diese Sturmstillungsgeschichte einmal betrachten). Denn indem Matthäus diese Wundergeschichte erzählt, hat er zugleich einen wichtigen Akt der Redaktion vollzogen. Er hat nämlich die Reihenfolge von Wunder und Wort umgekehrt: An die erste Stelle rückt jetzt das Wort an die Gefährten, ein Wort, das sie zum glaubenden Aufblick auf ihn, den Herrn, aufruft. Das Wunder erhält so eine veränderte Funktion. Es ist nicht mehr die Ermöglichung und Voraussetzung des Glaubens, sondern es bekommt die Aufgabe, diesen Glauben nun nachträglich zu bestätigen, zu illustrieren und wie im Bilde zum Ausdruck zu bringen. Aber das, was sein Wort gesagt hatte, wenn es so indirekt und verschlüsselt auf ihn als den Herrn hinzeigte, das bliebe auch dann in Kraft, wenn diese Demonstration seiner Gewalt über Wind und Wellen ausgeblieben wäre und wenn die Jünger den schlafenden Jesus mitten durch die weiterrasenden Elemente – von Angst gepeinigt und doch wunderbar getröstet, weil er unter ihnen war – zum andern Ufer gefahren hätten. *Das* will doch Matthäus sagen, das will er *wirklich* sagen.

Damit hat er in die Tradition dieser Wundergeschichte mit einem revolutionären Bekenntnis eingegriffen. Denn indem er die Einzelzüge des tradierten Berichtes treu bewahrte, hat er durch diese Umstellung von Wunder und Wort, durch diese Umstellung der Rede an die Elemente und an die Gefährten, das Wunder selbst relativiert; er hat es in einen sekundären Rang verwiesen. Die Achse dieser Geschichte, so wie Matthäus sie erzählt, ist ja nun nicht mehr das Wunder selbst, sondern das Wort über Glauben und Kleinglauben, ist sein strafender und zugleich unendlich tröstender Hinweis, wie inkonsequent es doch sei, ihn „Herr" zu nennen, ihn durch ein göttliches Prädikat zu ehren, ihn auf dem Schifflein zu wissen und dennoch und gleichzeitig vor der Macht der nur scheinbar entfesselten Elemente zu zittern. Das Wunder selbst ist dann nur wie ein Nachklang, wie eine Art Demonstration post festum, die den Glauben nicht mehr begründet, sondern die ihn nur noch gewisser macht und ihn in der Sprache des Bildes noch einmal und wieder anders auf den verweist, dem er schon *vorher* zugewendet war. Das Wunder setzt jetzt nur noch einen Akzent auf einen Text, den der Glaube schon vorher zu buchstabieren gelernt hat: „Was ist das für ein Mann, daß Wind und Meer ihm gehorsam sind?"

Damit stehen wir nun am Herzpunkt unseres Problems, das wir immer wieder umkreisen. Hat Matthäus nun dadurch, daß er nicht tonbandgetreu den überlieferten Bericht weitergab, sondern daß er ihn sozusagen theologisch verarbeitete, daß er sein Verständnis des Wunders und seines Ranges in ihn hineinlegte – ich frage: hat er dadurch diesen Bericht verfälscht, und müssen wir also, um die Wahrheit zu finden, hinter ihn zurück, um die Spuren der ursprünglichen Tradition zu sichern?

Diese Frage ist wirklich der springende Punkt, wenn wir die Tragfähigkeit solcher Formen des Berichtes beurteilen wollen.

Nun, von „Verfälschung" dürfte man doch offenbar nur dann sprechen, wenn Matthäus ein willkürliches und subjektives Element in den Text eingetragen hätte. Hat er das aber getan? Er tut in Wahrheit doch gar nichts anderes, als die Gesamtheit seines Wissens um Jesus Christus, den Gekreuzigten, Auferstandenen und Erhöhten, in den Einzelzügen seiner Geschichte wie in Mikrokosmen vergegenwärtigt zu sehen. So hat er es auch bei der Sturmstillungsgeschichte gemacht. Denn die Relativierung des Wunders, die er hier auf so sublime Weise und voll zarter Schonung aller Einzelzüge vollzieht, ist ja *überall* und in *allen* Evangelien erkennbar. Jesus Christus hat sie selber fortgesetzt vollzogen: Immer, wenn die Menschen Zeichen und Wunder forderten, hat er sich verweigert und die zeichensüchtige Art verurteilt. Nie hat er irgendwo ein Wunder getan, um den Menschen das Glauben leichter zu machen oder es gar durch den Augenschein, durch ein „Schauen" zu ersetzen. Er wußte, daß ein am Galgen hängender Gottessohn nichts Göttliches zu verkaufen hat und nichts Sehbares zur Verfügung stellt. Wer sich nur durch Mirakel, nur durch die „Show" hätte beeindrucken lassen, wäre spätestens an der Jammergestalt auf Golgatha irre geworden. Denn einen ungöttlicheren Anblick kann so leicht niemand bieten.

Und was sollten wir armen Nachgeborenen des 20. Jahrhunderts machen, wenn wir in alten Büchern lesen, damals habe ein Mann aus Nazareth durch seine Wunder von sich reden gemacht und man habe ihn deshalb für den Heiland und für Gottes Sohn gehalten? Könnte uns das einen Deut helfen? Könnte uns das heute im geringsten beeindrucken, wenn wir lesen, daß damals jemand solche Wunder getan habe? „Ein anderes ist es, selber Wunder zu erleben, und ein anderes, nur zu hören, daß andere sie wollen erlebt haben", könnte man nur seufzend mit Lessing ausrufen.

Nein, unser Glaube lebt nicht von den Berichten der Wunder. Wir leben vom *Wort* des Herrn, wir leben von dem, der er selber *war* und *ist* und immer *sein* wird. Wir glauben auch nicht „an die Auferstehung" (weil wir etwa einen Wunderbericht über die Ereignisse am dritten Tag nach seinem Tod hätten), sondern wir glauben an den Auferstandenen, der uns in der Gesamtheit dessen, was er sagt und tut, überzeugt und der uns das Wunder am dritten Tag dann als ein Geschehen erkennbar macht, dem alles in diesem Leben zudrängt. Wir glauben nicht an Wunder, die uns Christus als unsern Herrn *erweisen*, sondern wir glauben an den *Herrn*, der Wunder tut, der unser Leben zu wenden vermag, der uns alle Dinge neu sehen läßt und der auch heute mit seinen Wundern, seiner Behütung und seinen unbegreiflichen Führungen zur Stelle ist.

So hat also Matthäus, wenn er jenen redigierenden Eingriff in die Geschichte vornahm, nichts Willkürliches hinzugetan, sondern er hat nur den kleinen Strahl der Herrlichkeit Jesu, wie er in dieser Sturmstillungsgeschichte aufglänzt, in Beziehung zur Sonne selbst gesetzt, zu jener Sonne, von der alle Strahlen ausgehen, die sich im Prisma der Evangelien dann so hundertfältig brechen. Er hat den Herrn, der auch im Mittelpunkt *dieser* Geschichte steht, durch perspektivische Vergrößerung den sein lassen, der aus allen natürlichen Proportionen herausfällt und der als das eigentliche Thema auch das Wunder selbst überragt. So arbeitet Matthäus (wenn man so will: „surrealistisch") die Gesamtlinie des Neuen Testamentes in diesen Detailbericht hinein. Wie könnte es auch anders sein, wenn einem einmal klar geworden ist, daß Jesus Christus selbst im Fluchtpunkt aller Perspektiven steht; daß schlechthin alles auf ihn hin transparent wird: das Weihnachtsgeschehen sowohl wie Karfreitag und Ostern und schließlich die Wiederkunft am Jüngsten Tage.

Hat man diese Technik des Erzählens (sie ist freilich viel mehr als bloße Technik!) einmal durchschaut, so werden ihre Spuren noch an andern Punkten unserer Geschichte erkennbar. Überall wird das vordergründige Geschehen, das man erzählen kann und das sich in die Bildschicht unserer Phantasie eindrückt, durchsichtig gemacht für einen geheimen Hintergrund, so daß unsere Geschichte voll symbolischer Hinweise ist. Schon der Ausdruck, den Matthäus für das Unwetter gebraucht, für das große Ungestüm im Meer (wie Luther übersetzt), ist hierfür charakteristisch. Die andern Evangelisten benutzen statt dessen meteorologische Fachausdrücke, Bezeichnungen des Seewetteramtes sozusagen. Matthäus aber benutzt den Begriff „Seismós", der zwar auch so etwas wie Ungestüm und Rütteln an den Grundfesten bedeutet, als Bezeichnung für Naturvorgänge, aber aus dem Rahmen des üblichen Sprachgebrauchs sehr betont herausfällt. In der Regel verwendet das Neue Testament diesen Begriff nur, wenn er symbolisch gemeint ist und apokalyptische Schrecknisse bezeichnen soll. Er umschreibt, daß die Welt aus den Fugen ist, daß die Dämonen losgelassen werden, daß der Antichrist das Heft in die Hand nimmt, daß Heimsuchungen und Verfolgungen über uns hereinbrechen.

Matthäus hat diesen so vielfach schillernden und hintergründigen Begriff „Weltbeben" gewiß absichtlich gewählt. Auch hier hat er nicht nur einfach erzählt, sondern im Erzählen zugleich interpretiert: Wir sollen das alles mithören, was in diesem Begriff an Bedeutungsgehalten mitschwingt. Was die Leute hier auf dem bedrohten Schiff erleben, ist ein Sinnbild für die Bedrängnisse der Jüngerschaft überhaupt. Was hier im Seesturm erlebt wird, das bekommen auch die Landratten fernab von allen Meeresgestaden zu spüren, wenn sie sich mit Jesus Christus einlassen. Die Nonnen in China erleben es, wenn die roten Garden sie foltern, Dietrich Bonhoeffer hat es am Galgen unter den Nazis erfahren, und in den Wehen der Geschichte haben es Heere von Märtyrern durchgemacht. Auch heute wird dasselbe Stück in den ideologischen Diktaturen tausendfältig aufgeführt.

Aber nicht nur das apokalyptische Weltbeben, von dem Matthäus spricht, sprengt die Züge des bloß historischen Berichtes und wird zur gleichnishaften Chiffre für Verfolgungs- und Notzeiten überhaupt, auch das andere gilt: Jesus Christus schläft in diesem Schiff. Er ist machtvoll unter uns, auch wenn er nicht vernehmbar spricht. So sind wir mitten in den Wettern geborgen. Auch hier begegnet er uns nicht in der Etappe des Himmels, allem Erdenleid entrückt und in einem Jenseits, das nichts von unsern Qualen kennt. Nein: Jesus Christus ist immer da, wo *wir* sind, wo die Stürme heulen und die Brecher auf uns niederprasseln. Als Heimatloser kam er auf die Welt und hatte keine Stätte, da er sein Haupt hinlegte. Wer heimatlos ist und verlassen, darf wissen: Dieser ist bei mir; er geht an meiner Seite in den Flüchtlingstrecks und in der Verlassenheit der Großstädte. Wer sterben muß, darf wissen: Auch dieser hat die Wehen des Todes geschmeckt und wollte in den letzten Tiefen mein Bruder sein. Und wer Schiffbruch erleidet, wer hilflos auf dem Wassermeer oder auf dem symbolischen Meer des Lebens treibt (wie die Schiffbrüchigen in Whittakers herrlichem Bericht „Es war, als sängen die Engel"), der darf wissen: er schläft auch in meinem Boot, das wie eine Nußschale dem Spiel der Elemente preisgegeben zu sein scheint. Er schenkt mir Geborgenheit und hüllt mich in seinen Frieden – sei es, daß er den Elementen gebietet, oder sei es, daß er mich in den Wellengräbern empfängt und zu ewiger Freude geleitet. So schrieb es ja Gorch Fock, der Seemann des Ersten Weltkrieges, in einem seiner letzten Briefe: Wenn ihr hören solltet, ich sei gefallen, so weinet nicht! Denkt daran, daß auch der tiefste Ozean, in dem mein Leib sterbend versinkt, nur eine Lache ist in der Hand meines Heilandes.

So wird bei Matthäus das Schiff der Jünger zum ersten Male zu einer gleichnishaften Umschreibung des Schiffleins der Kirche, das auf den Weltmeeren dahintreibt und doch durch die Anwesenheit des Herrn behütet ist. Seit Matthäus diese Geschichte erzählt, seit er sie durchsichtig gemacht und die Herrlichkeit des Herrn hinter ihr hat aufleuchten lassen, ist dieses Bild vom Schifflein der Kirche zu einem Symbol geworden, das sich tief ins Bewußtsein der Christenheit eingegraben hat und die Verfolgten und Gefolterten in den Nächten ihrer Qual und ihrer Verlassenheit getröstet hat. Matthäus hat diesen Goldgrund auf der Ikone des Bildes Jesu aufleuchten lassen.

Sollte es also ein Malskat gewesen sein, der falsche Retuschen vornahm oder erfundene Bilder malte, die er dann als echt und historisch ausgab? Oder hat er seinen Herrn nicht tiefer verstanden als alle Jünger, die in panischer Nervosität über Deck rannten und nach ihm schrien? Wer hat die größere Wahrheit auf seiner Seite? Muß nicht ein bestimmter Reifegrad des Glaubens dahin führen, daß wir die Herrlichkeit des Herrn tatsächlich so sehen, wie Matthäus sie sah, und daß wir dann ganz allein auf ihn und sein Wort geworfen sind?

Niemand kann die Geschichte des Herrn anders sehen als so, daß er seine eigene Geschichte mit ihm schreibt. Das getan zu haben, ist das Geheimnis der Evangelisten.

Was ist von den Zukunftsworten der Bibel zu halten?

Vom Ende aller Dinge

LESUNG

Siehe, ich sende euch wie Schafe mitten unter die Wölfe. Dann müßt ihr klug sein wie Schlangen und ohne Falsch wie Tauben. Nehmt euch aber in acht vor den Menschen! Denn sie werden euch vor den Kadi bringen, und an den Stätten frommer Lehre werdet ihr mißhandelt werden. Vor hohe Behörden und selbst vor Könige werdet ihr geschleppt werden um meinetwillen – ihnen und den Heiden zum Zeugnis. Wenn sie euch aber so überantworten, dann macht euch keine Gedanken und Sorgen darüber, wie oder was ihr reden sollt. Ist diese Stunde gekommen, dann wird euch das Wort zum Reden gegeben werden. Denn nicht ihr selbst seid es, die mit ihrem Wort auf dem Plan sein müßten, sondern der Geist eures Vaters ist es, der durch euer Wort hindurch spricht.

Der Jünger steht ja nicht über dem Meister und der Knecht nicht über seinem Herrn. Es muß dem Jünger genügen, wenn er so dasteht wie sein Meister, und dem Knecht, wenn er das Schicksal seines Herrn teilt. Hat man den Hausherrn „Beelzebub" und Höllenbrut gescholten, wieviel mehr wird man es mit seinen Leuten so machen!

Matthäus 10,16–20.24.25

Als Jesus den Tempel verlassen und sich schon weiter hinwegbegeben hatte, traten seine Jünger an ihn heran und wiesen auf den Gebäudekomplex des Heiligtums. Er sagte ihnen daraufhin: „Seht ihr das alles da vor euch? Glaubt mir, ich versichere euch: da ist kein Stein, der auf dem andern bliebe und nicht herausgebrochen würde!"

Auf dem Ölberg setzte er sich dann nieder. Und noch einmal trat sein Jüngerkreis, diesmal ganz unter sich, an ihn heran mit der Frage: „Sage uns doch: *wann* wird das alles denn soweit sein? Und an welchen Anzeichen wird man erkennen können, daß deine Wiederkunft bevorsteht und das Ende aller Dinge sich naht?"

Jesus antwortete ihnen: „Seid auf der Hut, daß euch nicht jemand Sand in die Augen streue. Denn nicht wenige werden kommen, sich auf meinen Namen berufen und versichern: Ich bin der Christus, ich bin der Heilbringer! Und bei vielen werden sie mit solchen Vorspiegelungen auch durchkommen. Es werden Zeiten heraufziehen, in denen ihr die Kriege hört, aber nicht nur die Kriege selbst, sondern auch Flüsterparolen über drohende Kriegsgefahren. Haltet die Augen klar und gebt euch keiner Panik hin! Denn das alles muß so kommen, doch das Ende aller Dinge ist es noch nicht. Es wird sich noch erheben Volk gegen Volk und Reich gegen Reich. Auch Hungersnöte und Erdbeben werden bald hier, bald dort losbrechen. Das alles aber ist erst der Beginn der Wehen. Dann werden sie euch der Schikane überantworten, sie werden euch umbringen, ihr werdet die Bestgehaßten sein, in welchem Volk ihr auch immer lebt – und das alles um meines Namens willen. Dann werden viele aus dieser Falle nicht mehr herausfinden, sich sogar gegenseitig denunzieren und auch untereinander in Haß entbrennen. Wenn das geschieht, werden zugleich falsche Heilsversprecher und Heilsvorspiegler auftauchen, und viele werden auf sie hereinfallen.

Nimmt aber so die Gesetzlosigkeit, nimmt das Chaos überhand, dann wird bei der großen Menge die Liebe abkühlen. Doch wer standhält bis ans Ende, dem wird das Heil zuteil werden. Die fröhliche Nachricht von der Gottesherrschaft aber wird ausgerufen werden über den ganzen Erdkreis zu einem Zeugnis für alle Völker. Und dann wird das Ende kommen."

Matthäus 24, 1–14

In unsern früheren Überlegungen kehrte *ein* Gedanke immer wieder: Die Geschichte Jesu wird nicht als Chronologie und bloß historische Dokumentation beschrieben, sondern die neutestamentlichen Zeugen sehen diese Geschichte von ihrem Ende her, aus der Perspektive des erhöhten Christus, des Todesüberwinders.

So ist es auch hier, wo das Geheimnis der Geschichte selbst enthüllt wird. Das geschieht gleichfalls nicht in der Weise, wie ein Historiker oder ein Geschichtsphilosoph sich Gedanken über das Wesen geschichtlicher Prozesse machen mag; nicht so nämlich, daß er aus der Fülle des historischen Materials die Gesetze des Geschehensablaufs zu erheben sucht und dann sagt: Seht, das sind die Motive des menschlichen Handelns; so spielen sie zusammen und gegeneinander, um schließlich das Gefälle eines geschichtlichen Stromes zustande zu bringen. Nein, auch hier wird das Geheimnis der Geschichte von ihrem Ende, sozusagen vom Tod der Welt und von dem her gesehen, der sich jenseits des Weltengrabes übermächtig erhebt. Ein etwas gewagtes Bild für das, was sich hier vollzieht, mag gestattet sein: Ein Ertrinkender sieht noch einmal alles Erlebte an sich vorüberziehen. Ob er es hier vielleicht sogar in größerer Wahrheit sieht als in dem Augenblick, da er es erlebte?

Das bunte Kaleidoskop der Erinnerungen – wie seine Mutter ihm als Kind den Gute-Nacht-Kuß gab, wie er sein erstes selbstverdientes Geld nach Hause brachte, wie er seine Hochzeit feierte und später vielleicht in Kälte und Sturm durch die russische Steppe marschierte –: all das, was im Augenblick des Erlebens zufällig und undurchschaubar war, ist nun aufgereiht wie an einer Schnur, ist gehalten und ausgerichtet und an seinen Enden aufgehängt.

Etwas Ähnliches zeigt auch diese Geschichte: Die Jünger werden wie durch einen Schock vor die Vision des totalen Endes gestellt. Und wie im Traum eines Menschen, der in die Strudel letzter Untergänge hinabgezerrt wird, zieht noch einmal der Film der Weltgeschichte an ihnen vorüber. Und alles wird plötzlich bedeutungsvoll: Kriege und Schrecken, Erdbeben, Terror und Verfolgung gewinnen einen neuen Sinn und werden zu Zeichen und Signalen, die etwas bedeuten. Es ist die Agonie einer zu Ende gehenden Welt, es sind die Geburtswehen eines neuen, noch unvorstellbaren Lebens.

Es lohnt sich, den letzten „Traum" derer, die in das Ende hineingerissen sind, einmal zu bedenken und über die Gesichte nachzusinnen, die ihnen hier im Worte des Herrn zuteil werden.

Es ist ja eigenartig, wie plötzlich bestimmte schicksalhafte Gewißheiten in uns aufzucken können, manchmal bei irgendeiner beiläufigen Bemerkung.

So ist es mir als kleinem Jungen einmal ergangen. Mein innigster Herzenswunsch war ein Leiterwagen. Schließlich bekam ich ihn, und ich dachte, das Übermaß der Freude würde mich zersprengen; ich muß dabei sehr albern und ganz aus dem Häuschen gewesen sein. Als mein

Vater ihn dann in mein Elternhaus hineintrug, brach ich in Tränen aus. Mein Vater stellte mich wegen dieser plötzlichen Heulerei zur Rede, warf mir Undankbarkeit vor und erzählte mir später, was ich geantwortet hatte, nämlich dies: „Einmal geht er ja doch kaputt."

Angesichts einer großen Erfüllung wurde mir jäh die Vergänglichkeit des Schönen klar; ich erfuhr den Schock der Endlichkeit. So hat es Homer von dem noch in vollem Flor stehenden Troja gesungen: „Einst wird kommen der Tag, da das heilige Ilion hinsinkt."

Ebenso ist es auch hier: Man spaziert am Tempel vorbei, man kann das monumentale, solide Gemäuer nachher vom Ölberg her noch einmal auf sich wirken lassen. Das alles ist wie ein Symbol des Dauernden, eine Burg, die die Stürme der Zeit übersteht. Alte Weissagungen haben verkündet: Wenn das einmal fällt, kommt das Ende der Welt. Und nun sagt Jesus: Kein Stein wird auf dem andern bleiben. Er sieht bizarre Ruinen und verkohlte Dachbalken, wo sich jetzt ein Nachbild des himmlischen Jerusalem wie eine Festung der Ewigkeit erhebt.

Man wußte natürlich auch vorher schon, daß alles dem Vergehen entgegeneilt: Die Blätter fallen im Herbst ab, die Jugend vergeht, und die gute alte Zeit, die es auch damals schon gab, weicht einer veränderten Welt. Auch wir, die wir nach den Zerstörungen des letzten Krieges in unsere alte Heimat kommen und durch fremd gewordene Straßen gehen, erfahren den Anhauch des großen Vergehens. In Carl Zuckmayers Autobiographie finden sich Verse, die er auf einem andern Kontinent während des Krieges in der Emigration schrieb:

> Ich weiß, ich werde alles wiedersehen
> und nichts mehr finden, was ich einst verlassen.

Doch diese Wellenbewegungen des ewigen Werdens und Vergehens scheinen sich vor einem stabilen Hintergrund zu vollziehen: Diese Mauern werden bestehenbleiben, und die Gesänge des Sabbats (oder auch die sonntags morgens um 10 Uhr!) werden sich immer wiederholen, die Anbetung wird nie aufhören, und die Sicherheit, mit der das Amen in der Kirche folgt, wird so etwas wie ein Maßstab für alle Vorgänge sein, die sich „bombensicher" und mit absoluter Regelmäßigkeit vollziehen. Wenn auch *das* vergehen und aufhören sollte, in welchen Abgrund würden wir dann stürzen?

Dem säkularen Menschen können ebenfalls solche Gedanken kommen. Auch er hat das Gefühl: Einiges wird bleiben, das allem Wechsel entrückt ist. Selbst wenn die Chinesen kommen, wird der Bodensee weiter leuchten, Bachs h-Moll-Messe wird irgendwo weiter erklingen, und Michelangelos himmelstürmende Kuppeln werden weiter ein steinernes Bekenntnis sein. Wenn das alles nuklear zerstört werden sollte, wäre es das schlechthin Unvorstellbare. Welchen Sinn hätte es dann gehabt, daß die Denker jahrtausendelang nach Wahrheit suchten, daß die Künstler das Schöne gestalteten, daß die Menschen liebten und lachten und die Fährte ihres Glücks verfolgten? In welchen Abgrund, in welche Absurdität stürzten wir dann?

Doch die Frage der Jünger: „Wann wird dieses (absolute) Ende kommen?" ist trotz des Grausigen von einer eigentümlichen Ruhe überschattet. Sie verbinden die Frage nach dem Untergang des Tempels und der Welt mit der Frage nach der Wiederkunft, nach der Zukunft des Herrn. Der Sieg Gottes wird also am Ende aller Untergänge stehen. Dann kann aber die Auslöschung alles dessen, was besteht und gilt, nicht mehr *ganz* trostlos sein.

Auch sonst ist es ja so: Unsere größten Bangigkeiten stammen doch gar nicht aus der Schwere unserer Schmerzen, sondern sie kommen dann zustande, wenn wir kein Ziel und keinen Sinn mehr sehen. Hiob hätte wahrscheinlich noch sehr viel schwerere körperliche und seelische Attacken ertragen, als sie dann über ihn kamen. Das, was ihn schließlich umwarf, waren nicht die Schmerzen selbst, sondern der Abgrund der Leere, die sich vor ihm auftat. War die Brandkatastrophe, war der Tod seiner Kinder und waren die tödlichen Geschwüre, die seinen Leib verfaulen ließen, nicht ein ungeheures Dementi alles dessen, was er bisher geglaubt und woran er sich gehalten hatte? War diese völlig widersinnige Bestrafung eines Gerechten nicht eine Widerlegung jeder göttlichen Weltregie, aller angeblich „höheren Gedanken"? War nicht alles entsetzlich *sinnlos,* so daß es sich nicht mehr lohnte zu leben? Und waren nicht alle heiligen Schriften und Glaubenswahrheiten zur Makulatur geworden? Rückte nun nicht an die Stelle des heiligen Satzes: „Ich bin der Herr, dein Gott" die zynische Feststellung „Ohne Wahl zuckt der Strahl"?

Das war doch Hiobs Leiden! Es waren keineswegs nur die physischen Schmerzen. Und wenn wir daran denken, daß alles, was die Volkslieder und Schlager von Liebe und Tod, von Abschied, Heimweh und Erfüllung singen, einmal schlechthin ausgelöscht sein und ohne Spuren bleiben sollte, daß sich das Schweigen eines absoluten Endes und einer götterlosen Wüste über eine Erde breiten sollte, die einmal die Wohnstatt von Plato und Laotse, von Albrecht Dürer und Beethoven war, dann blickt der Abgrund der völligen Sinnlosigkeit auch in uns hinein.

Wahrscheinlich sitzt sogar hier das tiefste Geheimnis des Schreckens, in den uns der Gedanke an eine atomare Selbstzerstörung der Welt versetzt. Daß ich und du dabei umkommen könnten, das erklärt diesen Schrecken ja noch nicht. Toter als tot kann man sowieso nicht sein; und umkommen können wir auch auf der Straße oder beim Sturz von einer Leiter. Nein: Der Schrecken liegt in der Auslöschung alles Bestehenden, alles Gültigen, aller sinnvollen Prinzipien und Wahrheiten, für die irgendein Mensch je gelebt hat.

In eben diesen letzten Schrecken können aber die Jünger nicht mehr entführt werden, wenn der Herr selbst es ist, der hier im Symbol des Tempeluntergangs das totale Ende der Welt veranschaulicht. Sie wissen, daß hinter dem Ende jemand steht, der sie empfängt, wenn sie aus dieser Waberlohe der Untergänge kommen, daß jemand da ist, der bei ihnen bleibt alle Tage bis an der Welt Ende und der sie auf der andern Seite des großen Abgrundes erwartet.

Das ist aber dann viel *mehr* für sie als die bloße Prognose einer fernen Zukunft, eines „Plusquamfuturum". Bloße Hinweise auf die Zukunft lassen uns ja ebenso kalt wie die bloßen Berichte über eine Vergangenheit, in der Gott angeblich Wunder getan und freundschaftlichen Umgang mit Mose und andern Gestalten der Urzeit gepflogen hat. Wie fern ist das Einstige! Wie fern auch das Kommende – und wie kühl läßt es uns deshalb! Die bloße Weissagung des Endes also ist es nicht, die uns hier anrührt. Und wenn die Astronomen uns über den Eis- oder Wärmetod unserer Erde in einigen Millionen Jahren belehren, dann schmeckt uns unser Schnitzel deshalb keinen Deut schlechter. Das mag „intellektuell" ja ganz interessant sein. Aber „existentiell" ist es belanglos. Mein Leben wird dadurch keineswegs anders. Meine Wertetafeln und mein Lieben und Hassen bleiben unberührt.

Das aber wird sofort und umstürzend anders, wenn Jesus uns sagt, daß *er* es sein wird, der in den Wettern des Endes sein Werk vollbringt und der in einer neuen apokalyptischen Wiederholung von Weihnachten noch einmal seine Ankunft halten wird. Dann nämlich wird schon der *gegenwärtige* Augenblick dadurch geändert. Diese Zukunft gibt schon dem *Jetzt* eine neue Gestalt. Das alles wird *so* bestimmend für den gegenwärtigen Augenblick, daß manche Theologen heute sich durch diese richtige Beobachtung zu einem Fehlschluß verführen lassen: zu der Annahme nämlich, hier sei überhaupt nicht mehr die Zukunft des Herrn und seine Wiederkunft gemeint, sondern das alles sei nur eine verschlüsselte, futurisch verkleidete Aussage über unser Jetzt, darüber nämlich, daß jeder Augenblick unseres Lebens der letzte Ernstfall, der vor Gottes Angesicht gelebte ,,Augenblick'' sei.

So verfehlt diese Konsequenz auch ist, eines ist sicher richtig: Wenn der Herr wiederkommt und wenn alle Sintfluten und Sintbrände schließlich an seinem Throne enden, wenn die Geretteten des Jüngsten Tages nicht in ein Weltengrab zurückschauen müssen, in dem auch – wie in der berühmten Vision Jean Pauls – ihre Gottesvorstellungen und ihre Träume von einem himmlischen Vater versunken sind, wenn sie vielmehr singen dürfen: ,,Bis hierher hat uns Gott gebracht'' – ich sage: *wenn das alles stimmt, dann ist auch mein jetziger Lebensaugenblick radikal verändert.* Dann ist mein Sterben nicht mehr bloß ein Abschiednehmen, sondern ein Heimgehen. Dann sind Terror und Krieg, Flugzeugabstürze und Grubenkatastrophen, Ehekrisen und Krankenhausaufenthalte nicht mehr bloß seelenlos gesetzmäßige Abläufe der Materie, sondern dann sind die Heimsuchungen Nach-Hause-Suchungen; dann ist jemand da, von dessen Herzen es kommt und auf dessen Herz es zugelenkt wird.

Nicht, als ob wir Gottes Gedanken dabei *verstünden* – wie oft bleiben sie uns dunkel und rätselhaft, wie oft erscheinen sie unserm menschlichen Blick der Sphinx des Schicksals zum Verwechseln ähnlich! –, aber wir vertrauen dem, der sie denkt. Wir vertrauen ihm, weil wir Jesus Christus kennen.

Niemand hat diese Verwandlung des Augenblicks und seiner Schrecken tiefer zum Ausdruck gebracht als der jöhanneische Christus selbst (Joh. 16, 20 f): „Ihr werdet weinen und heulen ..., ihr werdet traurig sein. Aber eure Traurigkeit soll in Freude verwandelt werden: Wenn eine Frau gebiert, dann ist sie bedrängt; denn ihre schwere Stunde ist gekommen. Sobald aber das Kind zur Welt gebracht ist, ist die Angst über der Freude vergessen, denn ein Mensch wurde der Welt gegeben!"

So also sehen wir das Leben nun an, wenn der Menschensohn wiederkommen und der Welt aufs neue – und dann öffentlich und in Herrlichkeit – gegeben wird: Dann werden unsere Schmerzen zu Geburtswehen. Und die sind eben anders als Zahn- und Bandscheibenschmerzen, bei denen ich mich ärgerlich oder verzweifelt frage, warum *mich* das denn ausgerechnet erwischen mußte. Die Geburtswehen lassen es freilich zu der „schweren Stunde" kommen, aber sie sind von Vorfreude und Erwartung erfüllt auf den großen Augenblick, der bevorsteht. Das legt dann über die schwere Stunde selbst schon den Schimmer des Advents. An den Knotenpunkten der Heilsgeschichte stehen deshalb immer mütterliche Bilder: die Jungfrau Maria im Stall zu Bethlehem bei der ersten Ankunft des

Herrn und das Bild der werdenden, von Wehen geschüttelten Mutter als Gleichnis der Menschen des Glaubens, für die alle Schmerzen, alle Bedrängnisse geheimnisvoll verändert und geheiligt sind dadurch, daß sie auf eine große Erfüllung drängen: Der Herr ist im Kommen; der Zeiger rückt ein Stück näher auf zwölf.

Diese überaus tröstliche Gewißheit habe ich aber nicht wie ein Ruhekissen, wie einen sicheren Besitz, sondern sie muß jeden Tag neu gewonnen und im Dennoch des Glaubens errungen werden.

Um sichtbar zu machen, daß man diese Gewißheit nicht schwarz auf weiß besitzt wie einen mathematischen Lehrsatz, sondern daß sie immer neu dem Feuer des Zweifels und der Anfechtung entrissen werden muß, schildert der Herr die bevorstehenden Schrecken. Sie stehen dicht bevor; und noch vor der Zerstörung des Tempels bebt die Erde in gleichsam vorlaufenden Wellen: Ganze Städte in Kampanien und Kleinasien werden zur Zeit Neros in Schutt und Asche gelegt. Der Wechsel der römischen Kaiser bringt Krieg und Blutvergießen und politische Erdbeben. In Cäsarea kommt es zu einem Massaker zwischen Syrern und Juden, bei dem Hekatomben von Juden umkommen. Und das alles sind doch nur Modellfälle der Geschichte überhaupt, die sich immer neu in Untergängen und Schrecken vollzieht. Die Weltgeschichte gleicht ja verzweifelt der Grausamkeit der Natur: Die Völker fressen und werden gefressen. Das wiederholt sich wie der Rhythmus von Naturvorgängen. Früher hatte man Angst vor den Hunnen, später vor den Türken, dann vor den Franzosen – oder auch vor den Deutschen. Heute fürchtet man die Bolschewiken oder auch die schwarze oder gelbe Gefahr. Es ist immer dasselbe. Man meine doch ja nicht, daß der Glaube so etwas unangefochten überstünde und daß die Frommen mit der lächelnden Grazie von metaphysischen Besserwissern glatt hindurchkämen oder gar „darüberstünden", daß es wirklich in *diesem* Sinne gelten könnte, wenn Erich Kästner sagt: „Wer glaubt, weiß mehr."

Nein, sagt der Herr, wenn die Ungerechtigkeit überhandnimmt, wird die Liebe in vielen erkalten. Kein Wunder, daß es so ist! Eine Zeitlang kommt man ja mit dem Gedanken ganz gut durch, daß Gott die Wehen der Geschichte auf seinen Thron, auf seine großen Erfüllungen hinlenkt. Bläst einem dann der Wind ins Gesicht, hat man alle möglichen Pechsträhnen zu überstehen und einige Päckchen zu tragen, so kann man sich immer noch damit trösten, daß Gott in diesem Läuterungsofen einen zubereiten und reifen lassen wolle. Nur darf es eben nicht zu knüppeldick kommen! Denn in zwei Fällen versagt dieser Trost:

Einmal, wenn der Schmerz zu groß wird. Wer Höllenqualen leidet – vielleicht in der Todesangst eines Anfalls von Angina pectoris –, ist so ausgefüllt davon, daß er keine Sinnfrage mehr stellt und auch gar nicht mehr reifen kann, sondern daß er nur nach Linderung, nach einer winzigen Pause des Aufatmens schreit.

Der *andere* Fall, in dem es zu Komplikationen kommt, tritt dann ein, wenn das Leiden zu *lange* dauert, wenn es einfach kein Ende nehmen will. Ein oder zwei Jahre nehme ich in Kauf und sage mir: Diese Leidensschule läßt Gott dich durchmachen. Ich merke sogar, daß ich so etwas nötig hatte – „*hatte*"! Denn nun *bin* ich ja weitergekommen, bin ich abgeklärter geworden und zu mir selbst gekommen; nun habe ich die Reifeprüfung bestanden. Von jetzt an wäre jede weitere Qual sinnlos. Aber sie geht dann eben doch weiter. Hier könnte der ironische Satz Erich Kästners „Wer glaubt, weiß mehr" tatsächlich zur blanken Ironie werden: Der Glaube steht vor dem Faktum, daß der Mensch nicht nur „durch die Mangel gedreht" wird, sondern in der Mangel steckenbleibt. Dann stehe ich vor dem Sinnlosen, jedenfalls in seinem Sinn nicht Erkennbaren. Und das Sinnlose wird für mich immer zur Widerlegung Gottes.

Die Zäsur, jenseits derer der Glaube aus einem wohltemperierten Vertrauen zur eisigen Konfrontation mit dem Nichts wird, ist ja wieder bei *Hiob* genau zu erkennen: In den ersten Stadien, wo er sich noch in der Schule des Leidens wähnte und den Sinn meinte durchschauen zu können, sagte er in frommer Ergebung: „Der Herr hat's gegeben, der Herr hat's genommen, der Name des Herrn sei gelobt." Dann aber, als er die Leidensschule meinte durchlaufen zu haben, als es nichts mehr zu lernen gab und es dann nicht nur mit der Qual weiterging, sondern als sie noch sehr viel massiver über ihn hereinbrach, da wurde er an Gott irre.

So kann die Liebe in der Tat, wie Jesus sagt, „abkühlen", wenn die Ungerechtigkeit überhandnimmt und wenn ich nur noch losgelassene Dämonen sehe, wenn die „fetten Wänste" (Psalm 73) und stolzen Geister das Feld behaupten, wenn ihre hybride Behauptung „Macht geht vor Recht" bestätigt zu werden scheint und ihre höhnische Frage „Wo bleibt nun euer Gott?" keine Abfuhr aus dem Himmel erfährt. Dann kommt es zum äußersten Ernstfall mit dem Thema, das der Herr in diesem Kapitel anschneidet: daß er uns verborgen ist, daß unser Glaube dadurch in eine äußerste Zerreißprobe geworfen wird und daß wir nur von der Hoffnung leben, für die er uns sein Wort verbürgt und die er in seinem Leben und Sterben besiegelt hat: daß *einmal* der Glaube schauen darf, was er geglaubt hat, und daß der Unglaube schauen muß, was er *nicht* geglaubt hat.

Im Alten Testament hat Gott seinen Namen kundgetan: Jahwe, das heißt „ich bin, der ich sein werde; ich werde sein, der ich bin". Das ist der äußerste Appell an den Glauben, den wir – die Tiefe dieser Bezeichnung auslotend – zu denken vermögen. Denn Gott gibt darin nicht so etwas wie ein Programm der Weltgeschichte kund, er enthüllt darin nicht eine kosmische Strategie, sondern er gibt zu verstehen, daß wir wie ein Kind ins Dunkle laufen, daß es durch Schluchten und Abgründe, durch Abenteuer und endlose Ketten von Unvorhergesehenem geht. Zugleich aber gilt uns die Zusage, daß *er* in all dem Ungewissen der Gewisse bleiben will und daß wir auch dann, wenn wir nichts mehr haben, wissen dürfen, was wir an *ihm* haben. Denn er wird „derselbe" bleiben. Wenn *unsere* Liebe erkaltet, wird er weiter in Liebe zu *uns* entbrennen. Wenn *wir* an ihm irre werden, hält *er* uns fest. „Er ist, der er sein wird."

Darum wissen wir, daß er einmal auch alles in allem sein wird und daß das, was wir jetzt nur im Spiegel sehen und wonach unser Glaube wie durch eine Nebelwand greifen muß, einmal in Unmittelbarkeit vor uns stehen wird – *daß also Jesus Christus wiederkommt*. Es ist noch nicht erschienen, was wir sein werden. Aber dann wird es erscheinen. So ist in unserm Glauben ein Drängen und Ziehen nach vorne. Wir stehen vor Türen, die sich noch auftun werden.

Wie albern ist darum die Frage, ob „man" noch Christ sein könne, oder die andere, ob denn das alte Buch dem heutigen Menschen „noch" etwas sage. Die Menschen der Bibel sind nie solche zurückblickenden Menschen, sie sind vielmehr an der Zukunft orientiert, an dem, was auf sie „zukommt". Sie haben die Hand an den Pflug gelegt und blicken auf einen Horizont, an dem das Ende der Dämmerung sich ankündigt und die Morgenröte aufschimmert. Das Losungswort ist nicht das reaktionäre, immer nur zurückblickende „noch", sondern das Wörtchen „schon": schon ist der Teufel vom Himmel gefallen wie ein Blitz, schon ist das Reich mitten unter euch, wo Jesus Christus ist. Deshalb heißt es angesichts von Terror, Verfolgung und Katastrophen auch nicht: duckt euch, geht in Deckung! Sondern hier wird das schwingentragende Wort gesprochen: „Erhebet eure Häupter darum, daß sich eure Erlösung naht." Je dunkler es wird, um so näher ist der Tag, um so dichter ist Gott mit seinen Überraschungen bei euch. Was dem Gottlosen zu einer Bestätigung des „Todes Gottes" werden muß und die Nacht seines Lebens mit noch größerer Düsternis erfüllt, das wird *euch* zur Bestätigung, daß der Herr nahe ist und daß er euch von der andern Seite entgegenkommt.

Der Text deutet noch einen Hintergrund, ein letztes Geheimnis der Geschichte an: Obwohl Gott die Schrekken in ihr zuläßt und damit die Signale der Todeswelt aufrichtet, werden die Menschen das merkwürdigerweise übersehen und die Abgründe mit den glitzernden Netzen ihrer Träume zudecken. „Christusse" werden kommen, sagt der Herr, Pseudoheilsträger, Heilsversprecher und Heilsträumer. Denn mit dem Terror allein können selbst die ideologischen Diktaturen nicht regieren. Das hat sogar

Hitler gesagt. Der Terror muß sich tarnen, weil er allein zu abschreckend wäre und sich so selber die Opposition schüfe. Deshalb muß er das Blendwerk mitreißender Ideen zu Hilfe rufen. Er muß das Gegenteil von dem versprechen, was er ist. Er muß Freiheit sagen, wo er Versklavung meint, muß von Völkerversöhnung reden, wenn er seine imperialistischen Ziele will, muß den Humanismus preisen, wenn er an die bloße Verwertbarkeit des Menschen im Produktionsprozeß denkt, muß von Beglückung reden, wenn er das Leben gerade allen Zaubers beraubt und den Meltau des Grau in Grau auf es niedersinken läßt.

Für die Christen wird das, was für die andern den Trost irreführender Traumideen enthalten mag, zum Grund der Verfolgung und der Einsamkeit. „Sie werden euch vor den Kadi schleppen", sagt der Herr. Die Rechtsordnung, die in Wirklichkeit nur eine Interessenordnung der Machthaber ist, wird euch in die Rechtlosigkeit verstoßen. Ihr werdet vogelfrei und wie Schafe inmitten eines Wolfsrudels sein. Wenn ihr aber so preisgegeben seid, werden euch Zeichen zuteil werden, daß ihr dieser zu Ende gehenden Geschichte geheimnisvoll entrückt seid und daß der Herr der Geschichte euch trägt. Nicht *ihr* werdet dann das Christentum verteidigen müssen, sondern ihr *werdet* verteidigt. „Es wird euch gegeben werden, was ihr dann sagen sollt." Nicht *ihr* in all eurer Kümmerlichkeit haltet also die Front, sondern die Frontlinie verläuft zwischen Christus und Antichristus. Gott selbst ist hier provoziert, nimmt die Herausforderung an und macht eure Sache zu der seinen. Er übernimmt die Verantwortung, und ihr dürft euch darauf berufen. Auch hier könnte für die Wetter der Geschichte das Wort des Herrn gelten: „O ihr Kleingläubigen, warum seid ihr so furchtsam, bin ich nicht bei euch im Schiff?"

Aber ist das, was ich da eben gesagt habe, nicht bedenklich zum Fenster hinaus geredet? Was geht *uns* das an? Leben wir nicht in einem Rechtsstaat, haben wir nicht eine relativ ordentliche Verfassung, und ist das Christentum hier nicht ebenfalls solide eingebaut, ja fast zu warm gebettet und zu sehr privilegiert? Was sollen uns diese apokalyptischen Schauer, in denen das Ende der Geschichte seine Schatten vorauswirft? Wir leben doch, von Andeutungen einer bescheidenen Wirtschaftskrise und gewissen Stabilisierungsnöten einmal abgesehen, ganz behaglich, und das Gleichgewicht des Schreckens bekommt uns nicht schlecht.

Solche Gefühle, mit denen wir uns die gewaltigen Weltend-Visionen der Bibel vom Leibe halten, sind aber trügerisch und auch ein wenig provinziell. Wir müssen uns klar darüber sein, daß diese Windstille des Friedens und eines relativen Rechtszustandes nur eine kurze Pause, nur ein winziger Augenblick im Ganzen der Geschichte ist. Und auch räumlich bezieht sich das nur auf schmale geographische Zonen. Schon wenige Kilometer von unserem Heimatort entfernt kann es anders sein.

Die Bibel aber hat immer das *Ganze* im Auge, während wir Menschen nur das sehen, was vor unsern Augen ist, und deshalb wirklich provinziell sind. Wir meinen manchmal, die Bibel sei wirklichkeitsfremd, wenn sie von Dingen spricht, die uns nicht unmittelbar auf den Nägeln brennen. Dabei hat sie nur einen unvergleichlich größeren Radius der Wirklichkeitserfahrung, als wir ihn haben. Weil im Lichte der Ewigkeit das Herz des Menschen enthüllt wird, darum weiß die Bibel von dem, was an dunklen Potentialen in unserer Welt schlummert und nach oben drängen muß. In diesem Lichte erfahren wir, daß das, was in Auschwitz passiert ist, nicht von ungefähr kommt, sondern daß das alles als eine latente Möglichkeit in uns und um uns herum schlummert, daß die schlafenden Hunde geweckt werden können, wenn die Stunde der Finsternis da ist. Dostojewskij hat das grausam realistische Wort gesprochen, daß in jedem Menschen ein Henker stecke, und Adalbert Stifter spricht von unserer tigerartigen Anlage, die in der bürgerlichen Normalsituation zwar domestiziert sei, aber schon bei einem Nervenfieber zu Mord- und Vernichtungsgelüsten drängen könne.

In der Tat ist das, was die Bibel hier mit den Endwehen der Geschichte meint, nichts anderes als das Potential der Welt, das nach langer Unterdrückung zum Ausbruch, zur offenen Demonstration drängt.

„Wer aber bis ans Ende beharrt, der wird selig." Was ist nun dieses Ende, und wie bringt man dieses Beharren zustande?

Wie dieses Ende ist und wie sich die Wiederkunft des Herrn begibt, entzieht sich unserer Vorstellung. Im Alten Testament wird die kommende Herrschaft Gottes manchmal in irdischen Bildern veranschaulicht, die durch ihre Phantastik – „Die Wölfe werden bei den Lämmern wohnen" (Jes. 11, 6) – nur darauf aufmerksam machen, wie das irdische Bild durch das Unvergleichliche gesprengt wird. Im Neuen Testament hören diese Versuche, das kommende Gottesreich in den Rahmen unserer Anschauungen einzufügen, völlig auf. Nirgendwo taucht diese Gottesherrschaft als eine utopische Vorstellung, als ein Friedensreich am Ende der Geschichte auf. Im Gegenteil: Diese menschlichen Träume werden zertrümmert; sie werden zur Lastschrift der falschen Christusse und leeren Heilsversprecher. Genauso wie der Auferstehungsbericht keine Hinweise auf die körperliche Struktur seiner verklärten

Gestalt enthält*, so gibt es auch keine Aussage über das Wie des kommenden Gottesreiches und der Wiederkunft des Herrn. Die Ankündigung, daß er auf den Wolken des Himmels komme, ist ja keine Kompaß- und Richtungsangabe, sondern nur ein Bild, das die *Öffentlichkeit* seiner Erscheinung bezeugen soll. Wir haben nur sein Wort – wenn man so will, sein unanschauliches Wort –, *daß* er wiederkommt. Und unser Glaube sagt dazu sein Amen, weil er weiß, daß der Herr, an den er glaubt, kein Gedankengebilde ist, sondern im Regiment sitzt, und daß Orient und Okzident im Frieden seiner Hände ruhen. Dann aber werden diese Hände auch das Letzte sein, wenn Orient und Okzident zum Ruinenmahnmal unserer Todeswelt geworden sind. Und über der in Sintflut und Sintbrand vergehenden Welt wird dann *noch* einmal ein Bogen leuchten. Auch das ist nur ein Bild; das letzte Buch der Bibel läßt diese Vision noch einmal anklingen (Offb. 4,3; 10,1). Aber über alle Bilder hinweg greifen wir nach dem, den wir jetzt schon als den Heiland haben und von dem wir wissen, daß er bei uns sein wird bis zum Ende der Welt.

Wie aber „beharren" wir in dieser Hoffnung, wenn die Anfechtungen kommen und alles gegen Gott zu sprechen scheint, ja, wenn sich die Trauerbotschaft herumspricht, daß Gott tot sei und daß wir in jener Einöde „unter uns sind", die Nietzsche, Jacobsen oder auch Sartre als die götterlos gewordene Wüste unseres Lebens beschreiben?

Sicher kommen wir dann nicht mit Sturheit und mit restaurativem Kleben am „christlichen Erbe" durch. Jesus sagt uns statt dessen, daß wir auf *ihn* achten und warten

---

* Vgl. 1 Kor. 15,39–50.

sollen – auf den, der uns über die Wogen von der anderen Seite entgegenkommt.

Aber ist das nicht ein abstruser Gedanke? Was heißt das denn schon: „auf den Herrn warten"?

Ich warte darauf, daß die Post mir morgen endlich einen Brief bringt, von dem viel für mich abhängt. Ich warte auf das Ergebnis einer ärztlichen Untersuchung. Ich warte darauf, wie es im Nahen und Fernen Osten weitergeht. Ich warte auf die Wiedervereinigung. Ich warte auf das Stelldichein heute abend. Aber auf den Herrn, dessen Kommen ich mir nicht vorstellen kann? Hat dieses Warten, dieses Beharren bis ans Ende denn in meinem Leben einen realen Ort? Wie vollzieht es sich denn?

Doch – dieses Warten *hat* einen Ort in meinem Leben. Es vollzieht sich gewiß nicht so, daß ich zum Fenster hinausblicke, ob sich mit dem Zeichen des Menschensohnes etwas tut und der Horizont zu flammen beginnt. Wer auf die Zukunft des Herrn wartet, muß ihn in seiner *Gegenwart* in Anspruch nehmen. Indem er das aber tut, merkt er, daß diese Gegenwart einen Ausgang nach vorne hat, daß sie über sich hinausweist und auf Erfüllungen drängt, die noch kommen.

Was aber *ist* diese Gegenwart des Herrn, wo *habe* ich ihn denn?

Ich habe ihn in meinem Nächsten. Dieser Nächste ist hungrig und fragt uns, ob wir ihm etwas mitgeben (Matth. 25,35); er ist ein Vertriebener und fragt uns, ob wir ihn aufnehmen; er ist krank und fragt uns, ob wir ihn besuchen; er ist gefangen und fragt, ob wir zu ihm kommen. Und in dem allem ist der Herr selbst da – er, der zugleich dort ist, wo am Ende keine Gefangenen mehr sind und kein Leid und Geschrei, und auch der Tod nicht mehr ist, wo die Tränen von allen Augen getrocknet sind. Hier, in unserm Nächsten, haben wir ihn, und indem wir ihn *da* haben und halten, kann es ein „Beharren bis ans Ende" geben und können wir nie ganz am Boden liegen und hoffnungslos sein.

Ein großer Teil unserer Verzagtheit rührt nicht daher, daß wir nicht fromm genug wären und daß wir zu wenig an ihn dächten und uns nicht genug im Warten übten. Sondern er rührt daher, daß wir uns ständig um uns selber drehen, daß wir uns so wahnsinnig wichtig nehmen. Dann wird nämlich alles verkehrt in unserm Leben: Unsere Sorgen blasen sich zu riesenhaften Schreckgebilden auf; unsere kleinen Eitelkeiten spielen eine ungebührliche Rolle, und wenn sie dann enttäuscht werden, kommt es zu immer neuem Seelenfraß. „Wir spinnen Luftgespiñste und kommen weiter von dem Ziel." Der meiste Jammer kommt ja gar nicht daher, daß es objektiv jammervoll um uns bestellt wäre, sondern daß wir uns einen *falschen* Jammer und ein *falsches* Glück einbilden, daß wir uns eben um uns selbst drehen. Daher kommen auch die meisten Neurosen.

In seinem schönen Buch „Hinter dem Walde" erzählt Gerhard Nebel von einer Schwester, die ganz in ihrem Dienst aufgeht und vom Glück der Playboys und Playgirls nichts weiß und es auch nicht sucht, die aber in der Kargheit ihres einfachen Lebens randvoll Glücks ist und es weiterstrahlt auf die, die sie pflegt. Er sagt dann: „Die Selbstaufopferung ist das einzig wirksame Mittel gegen Neurosen und Depressionen." Weder der Spielsaal von Monte Carlo noch das verhätschelte Schoßhündchen, noch die Cocktailparty sind das Mittel, sondern eben die Selbstaufopferung. Denn es ist der Herr, dem wir in diesem Nächsten begegnen. Wenn wir ihn *hier* halten, dann hält er uns. Wenn wir *hier* im Dienst sind, dann bleiben die Lenden umgürtet und unsere Lampen brennen. Wer *hier* seine Gegenwart in Anspruch nimmt, der lernt seinen Reichtum, seine Unerschöpflichkeit kennen, der erwartet immer noch *mehr*, je länger er glaubt, der wird geradezu unersättlich in seiner Hoffnung. Und je größer die Erfüllungen sind, denen er entgegensieht, um so weniger wichtig nimmt er sich selbst, um so stärker verändert sich das Verhältnis von groß und klein, wichtig und nichtig – jenes Verhältnis, dessen Verzerrung die Neurosen und Verworrenheiten in meinem Leben hervorbringen konnte.

So überblickt Jesus Christus, der den Seinen diese letzten Dinge enthüllt, den Horizont der Geschichte von ihrem Beginn bis zum Ende. Er sieht den Abend des Tages, den Abend des Lebens, den Abend der Welt. Und er sagt das in dem verzehrenden Wunsch seiner Liebe: „Ach, daß du doch erkenntest zu dieser deiner Zeit, was zu deinem Frieden dient!" Wir aber hören ihn nicht, sondern gehen auf in dem Tagwerk, dem Lebenswerk, dem Weltwerk.

Am Anfang des Krieges stand ich einmal mit dem Kantor auf dem Glockenturm von St. Katharinen zu Danzig. Da setzte sich der Organist an die Tastatur des Glockenspiels, um den Choral der Stunde zu spielen. So verkündete er hoch über der Stadt mit gewaltigem Klang das Evangelium. Die Glocken dröhnten mir in den Ohren, und der Klang der Verkündigung erfüllte mich so, daß sich kein anderer Ton mehr störend dazwischendrängte. Tief unter mir aber sah ich Männer beim Bau eines Luftschutzbunkers; die Bagger rasselten, die Boschhämmer dröhnten, der Verkehr brandete. Und ich sah niemanden, der heraufblickte und dem zugehört hätte, was in meinen Ohren dröhnte und mich randvoll erfüllte. Was uns hier oben umtönte, blieb in den Eigengeräuschen des Tagwerks da unten unhörbar.

Haben wir den Ton gehört, der aus der Höhe kommt? Wir können unsere Maschinen gewiß nicht abstellen. Wir sollen es auch nicht. Aber wir können auf den Klang achten, der in unsere Geräusche dringt. Denn die Luft ist voller Verheißungen. Und wir würden alles verspielen, wenn wir das überhörten.

Nachwort für theologische Leser

Wenn im folgenden einiges aus dem Schrifttum des Verfassers genannt wird, das die hier angerührten Fragen fachlich weiter entfaltet, dann wird das nicht in dem Wahn getan, als sei dort etwas besonders Lichtvolles gesagt, dessen Nicht-zur-Kenntnisnehmen dem Leser dieses Buches ernsten Schaden zufügen würde. Angesichts des erzwungenen Weglassens soll vielmehr der theologische Leser auf Möglichkeiten aufmerksam gemacht werden, wie er sein etwaiges Interesse am theologischen *Hintergrund* des hier Gesagten befriedigen könnte.

Die beiden Dogmatik-Bände *Der evangelische Glaube I* (Die Beziehung der Theologie zu den Denkformen der Neuzeit) und II (Gotteslehre und Christologie), Tübingen 1968 und 1973, enthalten verständlicherweise so viele thematische Bezüge auf dieses Taschenbuch, daß einzelnes nicht angeführt wird.

Aus der *Theologischen Ethik I–III* (Tübingen, mehrere Auflagen) sei folgendes Ergänzende genannt:
Zur Unterscheidung von Lehr-Intention und Lehrgestalt: II, 1, § 311 ff.
Echte und unechte Akkomodationen in der Aussage der Wahrheit: II, 1, § 338 ff.
Eine theologische Kritik der Vernunft: II, 1, § 1321 ff.
Neuzeitliche Wandlungen im Verständnis der Ordnungen; die Distanz zu biblischen Ordnungsverständnissen: II, 2, § 1 ff.
Neuzeitliche Wandlungen im Verständnis des Krieges; die Modifikationen gegenüber dem biblischen Begriff des Krieges: II, 2, § 2893 ff.
Das Übergewicht hermeneutischer Fragen in der heutigen Theologie: II, S. XV ff.
Die Kirche in der veränderten Welt (Das Problem von Assimilation und Distanz): III, § 672 ff.
Das biblische und das neuzeitliche Eigentumsverständnis: III, § 766 ff.
Verbindlichkeit und Relativität biblischer Aussagen über das Recht: III, § 1149 ff.

Die biblischen Aussagen über die Ehe; Wandlungen des modernen Ehe-
verständnisses; die bleibende Relevanz biblischer Normierungen: III,
§ 2090 ff.; 2511 f.
Anthropologische Wandlungen im Verständnis der Geschlechter und ihres Verhältnisses gegenüber der biblischen Situation: III, § 2287 ff.

Aus anderen Aufsätzen und Büchern:
Wie läßt sich die Wahrheit des Glaubens verstehen?, in: Die Geheime
Frage nach Gott, Herderbücherei Bd. 429; ferner die Frage nach der
Verbindung des Glaubens mit gesellschaftlichen Strukturen. Gesprä-
che über Himmel und Erde, Quell-Verlag, 3. Aufl. Darin die Kapitel:
Stammt die Bibel von Gott? S. 13 ff. – Ist die kritische Beschäftigung
mit der Bibel ein Unternehmen des Unglaubens? S. 27 ff. – Gibt es
besondere Rezepte für das Verständnis der Bibel? S. 53 ff.
Leiden an der Kirche, Furche-Verlag, 2. Aufl. Hier die Kapitel: Der
Dualismus von Kanzel und Katheder, S. 47 ff. – Die Bewußtseinsspal-
tung der Christen, S. 24 ff.

Die Hamburger „Projektgruppe Glaubensinformation" bringt in Zu-
sammenarbeit mit dem Verfasser Lehrbriefe für theologische Fragen
heraus, die sich vor allem an Suchende und Skeptiker wenden. Auch die
in diesem Bande verhandelten Fragen tauchen dort noch einmal mit
Anleitungen zu Gruppengesprächen auf. Diese Briefe sind kostenlos zu
beziehen von der „Evangelischen Buchhilfe", 3502 Vellmar 3, Postfach
80.

Helmut Thielicke
zum 65. Geburtstag

Ein Dokument des Mutes und des Trostes
aus schwerer Zeit

Helmut Thielicke

Das Gebet
das die Welt umspannt

Reden über das Vaterunser
aus den Jahren 1944/45

Erweitert um den Dialog
über die Frage:
Wie war der Nationalsozialismus
in Deutschland möglich?

13., durchgesehene und erweiterte
Auflage 1973. 208 Seiten. Leinen DM 22.–

Quell-Verlag Stuttgart

Helmut Thielicke

Die geheime Frage nach Gott

Hintergründe unserer geistigen Situation

Herderbücherei Band 429 · · 208 Seiten 2. Aufl.

Dieses Buch enthält Arbeiten, die aus verschiedenem Anlaß geschrieben wurden, die aber alle auf das Thema der „geheimen Frage nach Gott" bezogen sind. So bilden sie trotz der Verschiedenheit der Adressaten ein geschlossenes Ganzes.
Die Zeiten, in denen man mit zu großer Selbstgefälligkeit aus einer einheitlichen, allgemeinverbindlichen Weltsicht heraus zu sicher und apodiktisch über Gott gesprochen hat, sind vorbei. Doch auch die Zeit des „Todes Gottes", den man noch vor kurzem lautstark verkündet und gefeiert hat, ist vorbeigegangen. Geblieben ist die Frage nach Gott. Also ein Beweis für seine Existenz?
Das Anliegen des Autors ist viel bescheidener. Er spürt die elementaren Bereiche des menschlichen Daseins auf und versucht, ihnen auf den Grund zu gehen: der Frage nach der Religion, der Kirche, dem Menschen, der Gesellschaft, nach Macht und Autorität und so fort. Nicht als würde am Ende all dieser Gedankengänge ein Gottesbeweis stehen. Doch der Autor zeigt, daß in all diesen Diskussionsthemen unserer Zeit die Frage nach einem Sinn auftaucht, letztlich die vielleicht schon teilweise verschüttete Frage nach Gott.

Herderbücherei